Musik und Bildung

Bibliographisches Register der Jahrgänge 1969 – 1978

Zusammengestellt von Christoph Richter
und Wolfgang Schmidt-Brunner

ED 6873

SCHOTT
Mainz · London · New York · Tokyo

ED 6873
Umschlagentwurf: Günther Stiller, Taunusstein
Gesamtherstellung: Wiesbadener Graphische Betriebe GmbH, Wiesbaden

Printed in Germany. BSS 44661
ISBN 3-7957-1490-7

I Beiträge mit Anregungen und Informationen zur Unterrichtspraxis **3**

I,1 Analysen und Werkinterpretationen für den Unterricht und die Unterrichtsvorbereitung 3
I,2 Gegenstände, Inhalte und Lernbereiche des Musikunterrichts 8
I,2,1 Lied, Singen, Sprechen 8
I,2,2 Musik erfinden, Improvisieren 9
I,2,3 Hörerziehung 9
I,2,4 Musiklehre und Musikgeschichte 10
I,2,5 Neue Musik, Elektronik 10
I,2,6 Außereuropäische Musik 11
I,2,7 Popularmusik, Pop, Beat, Jazz 11
I,2,8 Musikübergreifende Themen 12
I,2,8,1 Musik und Sprache 12
I,2,8,2 Musik und Szene 12
I,2,8,3 Musik und Bildende Kunst 12
I,2,8,4 Musik und Gesellschaft 12
I,2,8,5 Musik und Technik 12
I,2,9 Musik in den Medien 13
I,3 Leistungsmessung, Tests, Prüfungen 13
I,4 Unterrichtsmedien, Musiksaaleinrichtung 13
I,5 Methoden und Formen der Vermittlung von Musik 13
I,6 Musikalische Früherziehung 14

II Theoretische Beiträge **15**

II,1 Musikpädagogik, allgemein: Didaktische Theorie, Curriculumtheorie, Musikdidaktik, musikpädagogische Forschung 15
II,2 Musikwissenschaft 17
II,2,1 Musikwissenschaft, historisch und biographisch
II,2,2 Musikwissenschaft, systematisch (nach Gebieten untergliedert) 19
II,3 Inhalte des Musikunterrichts 21
II,3,1 Lied und Singen 21
II,3,2 Improvisation 21
II,3,3 Instrumentalspiel 22
II,3,4 Hörerziehung 22
II,3,5 Musiklehre (Musiktheorie) 22
II,3,6 Didaktische Interpretation (Werkbetrachtung) 23
II,3,7 Neue Musik 23
II,3,8 Außereuropäische Musik 24
II,3,9 Popularmusik 24
II,3,10 Musikübergreifende Themen 25
II,3,11 Musik in Fernsehen, Film, Werbung 25
II,4 Analysen 25
II,5 Musikrezeption (Musikpsychologie) 27
II,6 Lehrplan, Richtlinien, Schulreform, Schularten, Schulstufen, außerschulische Musikerziehung 27
II,7 Lehrerbildung, Lehrerfortbildung, Hochschuldidaktik 29
II,8 Musikalische Früherziehung und Musik im Elementarbereich 31
II,9 Musiktherapie, Sonderpädagogik 31
II,10 Instrumentalspiel, Instrumentaldidaktik 31
II,11 Medien und Musikpädagogik 32
II,12 Musikleben 33

III Sachwörter zur Musikpädagogik **34**

IV POP-Informationen **34**

V Rezensionen **35**
1 Bücher **35**
2 Schulbücher und Unterrichtsmaterialien **47**

VI Bibliographien und Heft-Themen **48**

VII Berichte und Informationen; Verbandsarbeit **50**

VII,1 Berichte (Über Tagungen und Kongresse, Konzert- und Opernaufführungen, Wettbewerbe im In- und Ausland, Lehrerbildung und Lehrerfortbildung) 50
VII,2 Zur Diskussion (Musikleben, Lehrerbildung, Inhalte des Musikunterrichts, Musikpädagogik in Forschung und Lehre, Standes- und Bildungspolitik) 55
VII,3 Gelesen und zitiert (Aus Tages- und Wochenzeitungen, aus musikpädagogischer und erziehungswissenschaftlicher Fachliteratur) 56
VII,4 Kultur- und Bildungspolitik 57
VII,5 Aus der Arbeit der Verbände (VDS, VDMK, VdM, AMPF, AMJ) 58
VII,6 Leserzuschriften, Glossen 62
VII,7 Informationen 63
VII,8 Jubiläen, Gedenktage, Nachrufe 63
VII,9 Notenbeilagen 64

Vorbemerkung

Die Anlage dieser Bibliographie versucht in besonderer Weise den Bedürfnissen der MuB-Leserschaft entgegenzukommen. So soll sie u.a. dem Schulpraktiker das Auffinden von Hilfen zur Unterrichtsvorbereitung ebenso schnell ermöglichen wie dem Theoretiker den Überblick über ein Jahrzehnt didaktisch-historischer Entwicklung oder über die Fülle der rezensierten Neuerscheinungen.
Desgleichen ist den Anforderungen des Studiums Rechnung getragen, indem die einzelnen Kategorien und Subkategorien der Bibliographie dem Studierenden Starthilfen zum Einarbeiten in Theorie und Praxis seines künftigen Berufes bereitstellen sollen, nach den Vorgaben einer Zeitschrift, die, nach Gudrun Henneberg, „... unter den Zeitschriften am deutlichsten den Stand der musikpädagogischen Diskussion repräsentiert".
Bei der Systematisierung der Bibliographie ergaben sich insofern Probleme, als im Verlauf des Jahrzehnts 1969 – 1978 sich vor allem die wissenschaftlich-theoretischen Beiträge der Zeitschrift wie die konzeptionelle Entwicklung der Musikdidaktik insgesamt zunehmend differenzierten und auch neue Schwerpunkte gesetzt wurden. Um diesen Schwierigkeiten zu begegnen, wurde der Versuch unternommen, aus folgenden drei Bereichen Kriterien für die Systematisierung abzuleiten:
a) Aus der Gliederung und den Zentralthemen der Zeitschrift selbst.
b) Aus Systematisierungsversuchen der musikpädagogischen Literatur (wie z.B. aus Gudrun Hennebergs Literaturbericht „Das musikpädagogische Schrifttum in der Bundesrepublik Deutschland 1945 – 1976", Tutzing 1977, S. 67).
c) Aus dem zu vermutenden praktischen Nutzen, den die MuB-Abonnenten aus der Zeitschrift und dem bibliographischen Register in Schule, Studium und Hochschule ziehen können.
Insbesondere im Anschluß an den letztgenannten Punkt sind zahlreiche Aufsätze zur Theorie und Praxis der Musikerziehung in mehreren Kategorien der Bibliographie zugleich aufgeführt, gemäß dem Ziel und der Aufgabe des Registers, systematischer Chronistenpflicht ebenso zu entsprechen wie das Auffinden der Literatur zu erleichtern und zum diachronzusammenfassenden Einarbeiten in und vertieften Erarbeiten von einzelnen Themenbereichen anzuregen.

Unter diesen Prämissen ist der Abschnitt I (Beiträge zur Unterrichtspraxis) für die wissenschaftlich-systematische Auswertung der (von Michael Alt so genannten) „Praktiker-Literatur" auch für den Theoretiker gedacht, während die Kategorie II (Theoretische Beiträge) in ihrer Untergliederung auch dem Schulpraktiker und dem Studenten Hinweise vermittelt zur didaktisch-begründeten Fundierung seiner musikerzieherischen Tätigkeit.

Zum Verständnis und **für den Gebrauch** der Bibliographie ist folgendes wichtig und zu beachten:
1. **Abschnitt I** ist alphabetisch nach Komponisten und Werken geordnet. Berücksichtigt sind nicht nur Unterrichtsmodelle und didaktische Interpretationen einzelner Werke, sondern auch rein musikwissenschaftliche Analysen vor allem Neuer Musik, im Sinne fachlicher Fortbildung also hinausgehend über eine bloße Hilfe für den Unterricht. Manche Informationen und zusammenfassenden Abhandlungen über Stileigenheiten eines Komponisten oder einer Werkgattung eignen sich auch als Grundlagenmaterial für Schülerreferate in einem Leistungskurs der Sekundarstufe II. Ist ein Aufsatz mehr als einem Werk gewidmet, so ist dies durch den Vorsatz „In: ..." vor dem Verfassernamen gekennzeichnet.
2. **Abschnitt I,2** ist alphabetisch nach Verfassern der Artikel geordnet, wobei die Überschneidungen einzelner Gegenstands- und Lernbereiche des Musikunterrichts in den Subkategorien durch Mehrfachnennung der entsprechenden Aufsätze berücksichtigt sind.
3. **Abschnitt I,5** mag zunächst in formaler und inhaltlicher Sicht ungewöhnlich erscheinen, doch soll sich hierin ein Anliegen des Herausgebers dokumentieren, Material für eine demnächst zu leistende systematische Erfassung innovatorischer Methoden und Vermittlungsansätze im Musikunterricht zusammenzustellen.
4. **Abschnitt II,3** wiederholt in seinen Subkategorien annähernd die Systematik von I,2, jedoch unter betont theoretischem Aspekt. Intendiert ist jedenfalls, Entsprechungen und Ergänzungen zwischen Praxis und Theorie zu ermöglichen.

Berlin und Detmold, im Herbst 1978

Christoph Richter
Wolfgang Schmidt-Brunner

I Beiträge mit Anregungen und Informationen zur Unterrichtspraxis

I,1 Analysen und Werkinterpretationen für Unterricht und Unterrichtsvorbereitung

Bach, Johann Sebastian: Matthäus-Passion
Stilz, Ernst: Pendereckis „Lukas-Passion". Versuch einer Gegenüberstellung mit Teilen der „Matthäus-Passion" von Bach 7-8/70 319
– Matthäus-Passion
Helms, Siegmund: Zahlensymbolik in der Musik Johann Sebastian Bachs 3/70 113
– Präludium in C aus dem Wohltemperierten Klavier I. Teil
Mayer-Rosa, Eugen: „Play Bach" und „Switched-on-Bach" im Unterricht 4/73 190
– Präludium in C aus dem Wohltemperierten Klavier I. Teil
In: Velten, Klaus: Möglichkeiten und Grenzen der didaktischen Auswertung einer informationstheoretisch orientierten Ästhetik 9/76 460
– Zweistimmige Invention in C
In: Walgenbach, Wilhelm: Versuche zur Bildung ästhetischer Redundanzen im Musikunterricht einer Volksschule 12/69 551

Bartók, Béla: Mikrokosmos
Meyer, Heinz: Bartóks „Mikrokosmos" nur ein Klavierwerk? 4/70 176
– Musik für Saiteninstrumente, Schlagzeug und Celesta
Weiß-Aigner, Günther: Béla Bartók: Musik für Saiteninstrumente, Schlagzeug und Celesta 9/75 440

Beaumont, Geoffry: 20th Century Folk Mass
In: Jahnke, Sabine: Materialien zu einer Unterrichtssequenz: Messekompositionen im 20. Jahrhundert 6/74 374

Beethoven, Ludwig van: Klaviersonate op. 13 „Pathetique"
Feurich, Hans Jürgen: James Lasts Bearbeitung des 2. Satzes von Beethovens „Pathétique" (op. 13) 4/73 184
– Klaviersonaten
In: Hering, Hans: Das spielerische Element in der klassisch-romantischen Klaviersonate 7-8/77 390

Berg, Alban: Wozzeck
Leister, Hans: Bergs „Wozzeck" im Musikunterricht der Studienstufe 1/70 10
– Altenberg-Lieder op. 4
Mayer-Rosa, Eugen: Alban Bergs „Altenberg-Lieder" im Unterricht (Vgl. Leserzuschrift von Klaus Schweitzer, 6/72, 314) 3/72 123
– 4 Stücke für Klarinette und Klavier op. 5
Borris, Siegfried: Vergleichende Werkanalyse. Alban Berg: op. 5 Nr. 1. Paul Hindemith: aus der Violinsonate 1939 3/73 138
– Lyrische Suite; Wozzeck
In: Koch, Peter: Schönberg, Berg und Webern für 13–15jährige? 7-8/69 330
– Lieder op. 2
In: Venus, Dankmar: Zum Problem der Schlußbildung im Liedwerk von Schönberg, Berg und Webern 3/72 117

Berio, Luciano: Sinfonia (1968)
Krieger, Georg und Stroh, Wolfgang Martin: Probleme der Collage in der Musik, aufgezeigt am 3. Satz der „Sinfonia" von Luciano Berio 5/71 229
– Sinfonia (1968)
In: Jahnke, Sabine: Materialien zu einer Unterrichtssequenz: Des Antonius von Padua Fischpredigt bei Orff – Mahler – Berio 11/73 615
– Sequenza III (1966)
Pousseur, Henri: Luciano Berio: „Sequenza III" 10/69 459
– Circles
Schnaus, Peter: Anmerkungen zu Luciano Berios „Circles" 7-8/78 489

Berlioz, Hector: Symphonie fantastique
In: Kreft, Ekkehard: Der Tritonus als Strukturintervall in bestimmten musikprogrammatischen Zusammenhängen. Darstellung von Hexen, Geistern und Zauberern in deutscher, französischer und russischer Musik 7-8/73 385
– Symphonie fantastique; Requiem
In: Jahnke, Sabine: Hector Berlioz – der Traum ins Maßlose 7-8/77 396

Bernstein, Leonard: Messe 1971
In: Jahnke, Sabine: Materialien zu einer Unterrichtssequenz: Messekompositionen im 20. Jahrhundert 6/74 374

Blacher, Boris: Ornamente für Klavier op. 37
Jahnke, Sabine: Boris Blacher: Ornamente für Klavier op. 37 — 11/69 508

Bossler, Kurt: Wir bauen ein Zwölftonhaus
In: Schwarting, Heino: Neue Klaviermusik für Kinder seit der Wiener Schule. Anmerkungen zur Realisationspraxis — 9/78 576

Boulez, Pierre: Kantate „Le Soleil des Eaux" 1. Satz (1948/1958)
Stephan, Rudolf: Bemerkungen zu Pierre Boulez' Komposition von René Chars „Klage der verliebten Eidechse" — 1/69 27
– Le Marteau sans Maître
Eckart-Bäcker, Ursula: Pierre Boulez: „Le Marteau sans Maître". Anregungen zu einem Unterrichtsprojekt für eine 4. Grundschulklasse: „Die unterschiedliche Behandlung der Stimme in ‚Le Marteau' (Nr. 3, 5, 6 und 9)" — 9/74 499

Brahms, Johannes: Klavierquartett op. 25 in g-Moll
In: Velten, Klaus: Das Prinzip der entwickelnden Variation bei Johannes Brahms und Arnold Schönberg — 10/74 547
– Haydn-Variationen op. 56a
In: Richter, Christoph: Unterrichtsmodell zum Thema „Musik als Spiel" — 3/73 132

Braun, Peter Michael: „Transfer" für großes Orchester (1967/68)
In: Braun, Peter Michael: Musikalisches Handwerk heute — 2/73 70

Britten, Benjamin: Curlew River
Laade, Wolfgang: Benjamin Brittens Mysterienspiel „Curlew River" und die japanischen Vorbilder — 12/69 562

Brown, Earle: December 1952
In: Pütz, Werner: Tendenzen in der Musik der Gegenwart und ihre Bedeutung für den Musikunterricht — 5/71 235

Bruckner, Anton: IV. Symphonie 4. Satz
In: Günther, Ulrich: Unterrichtsversuch zum Thema „Musikalische Steigerung" — 5/70 222

Cage, John: Kompositionen für präpariertes Klavier
Fürst-Heidtmann, Monika: John Cages Werk für „präpariertes Klavier" – ein Beitrag zur Emanzipation der Klangfarbe — 2/76 69

Charpentier, Marc-Antoine: Te Deum
In: Schmidt, Hans-Christian: Musik im Fernsehen – Musikalische Titel von FS-Serienfilmen. Eine Unterrichtssequenz für die Sekundarstufe I — 1/77 23

Darmstadt, Hans: 3 Episoden
In: Schwarting, Heino: Neue Klaviermusik für Kinder seit der Wiener Schule. Anmerkungen zur Realisationspraxis — 9/78 576

Debussy, Claude: Syrinx (1912)
Borris, Siegfried/Gärtner, Jochen: Claude Debussy: „Syrinx" für Soloflöte. (Analyse und Versuch einer Spielanleitung) — 4/69 173
– Jeux
In: Frisius, Rudolf/Günther, Ulrich: Musik und Bewegung. Neue Verbindungen zwischen Musik und Sport — 1/71 16
– Prélude Nr. 10 „La Cathédrale engloutie"
In: Werner-Jensen, Arnold: Malerischer und musikalischer Impressionismus. Gegenüberstellung von Monet und Debussy (SI und SII) — 7-8/77 402

Dukas, Paul: Der Zauberlehrling (1897)
Reinfandt, Karl-Heinz: Unterrichtsplanung im Fach Musik am Beispiel „Der Zauberlehrling" von Paul Dukas — 7-8/73 389

Eisler, Hans: Lieder op. 11; op. 27 Nr. 1; op. 70. Neue deutsche Volkslieder 1950
Schneider, Ernst Klaus: Politisches Programm und ästhetischer Anspruch in den Produktionen politisch engagierter Komponisten. Beispiel: Hanns Eisler — 11/76 556

Engelmann, Hans Ulrich: „mini-music to siegfried palm" op. 38
Bastian, Hans Günther: Avantgarde-Komposition und die Frage der Umsetzung in der Musikpädagogik, dargestellt am Beispiel von H. U. Engelmanns „mini-music to siegfried palm" op. 38. Ein Interview mit dem Komponisten
und
Musikdidaktische Umsetzung des Interviews für den Musikunterricht in der Orientierungsstufe (11–12jährige) — 7-8/78 463

Ferrari, Luc: Music Promenade
In: Block, Gisela/Pütz, Werner: Die Collage als ästhetische Gestaltung der Realität — 12/74 680

Fibich, Zdenko: Poème
In: Komma, Karl Michael: Kriterien des musikalischen Kitsches — 6/76 307

Grieg, Edvard: Hochzeitstag auf Troldhaugen
In: Komma, Karl Michael: Kriterien des musikalischen Kitsches — 6/76 307

Henze, Hans Werner: Musen Siziliens und Moralitäten
Borris, Siegfried: Hans Werner Henze: „Musen Siziliens" und „Moralitäten" — 6/69 282
– Six Absences
Flammer, Ernst Helmut: Hans Werner Henze: „Six Absences" – Sturkturanalyse und Gegenüberstellung zur Jazzfassung von George Gruntz — 2/78 88
– 1. Sinfonie
Heimann, Walter: Formen der Analyse sinfonischer Musik im Unterricht der Orientierungsstufe: Hans Werner Henzes Erste Sinfonie — 2/78 105
– El Cimarrón
Klüppelholz, Werner: Henzes „El Cimarrón" – Eine didaktische Analyse für die Sekundarstufe II — 2/78 95

Haydn, Joseph: Klaviersonaten
In: Hering, Hans: Das spierlerische Element in der klassisch-romantischen Klaviersonate — 7-8/77 390

Hindemith, Paul: Kleine Kammermusik op. 24
Vogelsänger, Siegfried: Paul Hindemiths „Kleine Kammermusik" op. 24 in einem 4. Schuljahr.

Skizze für eine Musikstunde – gehalten in der Unterrichtsmitschauanlage der PH Dortmund 5/72 242
– 2. Klaviersonate (1936)
Kraemer, Uwe: Hindemiths 2. Klaviersonate (1936), 1. Satz 2/69 74
– Violinsonate 1939
Borris, Siegfried: Vergleichende Werkanalyse. Alban Berg: op. 5 Nr. 1, Paul Hindemith: aus der Violinsonate 1939 3/73 138
– Messe (1963)
Gottwald, Clytus: Hindemiths Messe 6/74 370
– Messe (1963)
In: Jahnke, Sabine: Materialien zu einer Unterrichtssequenz: Messekompositionen im 20. Jahrhundert 6/74 374
– Der Schwanendreher; Mathis der Maler u.a.
In: Salmen, Walter: „Alte Töne" und Volksmusik in Kompositionen Paul Hindemiths 6/74 362

Holliger, Heinz: Psalm
Becker, Peter: Heinz Holliger: „Psalm". Versuch einer didaktischen Annäherung 1. Teil 6/78 419
2. Teil 7-8/78 497

Huber, Klaus: ... inwendig voller figur ...
Reinfandt, Karl-Heinz: Musik als Bekenntnis – Klaus Hubers Oratorium „... inwendig voller figur ..." im Musikunterricht der Sekundarstufe I 9/77 478

Janáček, Leoš: Glagolitische Messe
In: Jahnke, Sabine: Materialien zu einer Unterrichtssequenz: Messekompositionen im 20. Jahrhundert 6/74 374

Jelinek, Hanns: 6 Stimmungen für Klavier
In: Schwarting, Heino: Neue Klaviermusik für Kinder seit der Wiener Schule. Anmerkungen zur Realisationspraxis 9/78 576

Kagel, Mauricio: Match
In: Frisius, Rudolf/Günther, Ulrich: Musik und Bewegung. Neue Verbindungen zwischen Musik und Sport 1/71 16
– Hallelujah (1968)
Jahnke, Sabine: Vokale Vexierbilder in Kagels „Hallelujah" 11/77 596
– Ludwig van
Faust, Karl: Über die Komposition „Ludwig van". Karl Faust im Gespräch mit Mauricio Kagel 11/77 555
– Spielplan; Theatrum instrumentorum
In: Clasen, Siegfried: Mauricio Kagel und seine Bedeutung für ein sich wandelndes Berufsbild des Schulmusikers 11/77 614
– (Hörspiel) Ein Aufnahmezustand; Soundtrack
In: Klüppelholz, Werner: Musik als Hörspiel. Zur musikpädagogischen Nutzung einiger Kompositionen von Kagel, Kühn, Schnebel u.a. 6/77 343
– Staatstheater
In: Zarius, Karl-Heinz: Szenische Komposition – komponierte Szene. Kagels Neues Musiktheater als Reflexion zwischen den Medien 11/77 588
– Staatstheater; Musik für Renaissanceinstrumente
In: Gruhn, Wilfried: Die instrumentale Inszenierung des Klanges bei Mauricio Kagel 11/77 606

Kelemen, Milko: Der Esel geht am Meer spazieren
In: Schwarting, Heino: Neue Klaviermusik für Kinder seit der Wiener Schule. Anmerkungen zur Realisationspraxis 9/78 576

Ligeti, György: Apparitions
In: Walgenbach, Wilhelm: Versuche zur Bildung ästhetischer Redundanzen im Musikunterricht einer Volksschule 12/69 551
– Artikulation
Karkoschka, Erhard: Eine Hörpartitur elektronischer Musik 5/72 221
– Atmosphères
Schneider, Sigrun: Zwischen Statik und Dynamik. Zur formalen Analyse von Ligetis „Atmosphères" 10/75 506
– Atmosphères
In: Brix, Lothar: Moderne Musik in der Schule. Ein Unterrichtsbeispiel 9/74 501
– Atmosphères; Volumina
In: Zimmerschied, Dieter: Musik als Manipulationsfaktor. Bericht über ein Unterrichtsmodell 2/72 80
– Cellokonzert; Apparitions u.a.
In: Frisius, Rudolf: Tonal oder postseriell? 10/75 490
– Continuum
Urban, Uve: Serielle Technik und barocker Geist in Ligetis Cembalo-Stück „Continuum". Untersuchung zur Kompositionstechnik 2/73 63
– Lontano
Dadelsen, Hans-Christian von: Hat Distanz Relevanz? Über Kompositionstechnik und ihre musikdidaktischen Folgen – dargestellt an György Ligetis Orchesterstück „Lontano" (1967) 10/75 502
– Lontano; Ramifications
In: Gruhn, Wilfried: Avantgarde – auf der Suche nach einer neuen Form 11/70 481
– Lux aeterna; Aventures u.a.
In: Gruhn, Wilfried: Textvertonung und Sprachkomposition bei György Ligeti. Aspekte einer didaktischen Analyse zum Thema „Musik und Sprache" 10/75 511
– Lux aeterna
Richter, Christoph: Interpretationen zu „Lux aeterna" von György Ligeti 5/72 237
– Volumina
Schuler, Manfred: György Ligeti: „Volumina". Ein Unterrichtsbeispiel für die Sekundarstufe II 10/75 520
– Volumina
In: Pütz, Werner: Tendenzen in der Musik der Gegenwart und ihre Bedeutung für den Musikunterricht 5/71 235

Lhotka-Kalinski, Ivo: Mikroformen für Klavier
In: Schwarting, Heino: Neue Klaviermusik für Kinder seit der Wiener Schule. Anmerkungen zur Realisationspraxis 9/78 576

Lutosławski, Witold: 2. Sinfonie
Sannemüller, Gerd: Witold Lutosławskis 2. Sinfonie — 9/78 588
– Jeux Vénitiens (1961)
Rogge, Wolfgang: Die „Jeux Vénitiens" von Witold Lutosławski im Schulfunk. Ein Beitrag zum Thema „Öffentliche Konzerte für Schüler" — 1/73 24

Mahler, Gustav: 1. Sinfonie (3. Satz)
Weyer, Reinhold: Ansätze zur unterrichtlichen Behandlung der 1. Sinfonie von Gustav Mahler — 11/73 622
– 5. Sinfonie (1. Satz)
In: Velten, Klaus: Über das Verhältnis von Ausdruck und Form im Werk Gustav Mahlers und Anton von Weberns — 3/78 159
– 9. Sinfonie (1. Satz)
Motte, Diether de la: Das komplizierte Einfache. Zum ersten Satz der 9. Sinfonie von Gustav Mahler — 3/78 145
– 10. Sinfonie (Adagio)
Rohland, Tyll: Zum Adagio aus der X. Symphonie von Gustav Mahler — 11/73 605
– Sinfonien
In: Komma, Karl Michael: Vom Ursprung und Wesen des Trivialen im Werk Gustav Mahlers — 11/73 573
– 2. Sinfonie (3. Satz)
In: Jahnke, Sabine: Materialien zu einer Unterrichtssequenz: Des Antonius von Padua Fischpredigt bei Orff – Mahler – Berio — 11/73 615
– Wunderhorn-Lieder; Kindertotenlieder; Lied von der Erde
In: Fischer, Kurt von: Zu Gustav Mahlers Liedern — 7-8/77 400
– Lieder
In: Borris, Siegfried: Mahlers holzschnitthafter Liedstil — 11/73 578

Messiaen, Olivier: Livre d'orgue I
Kemmelmeyer, Karl-Jürgen: Olivier Messiaen: „Livre d'orgue" I. Reprises par interversion – Wiederholung durch Binnenumstellung. Determinierte Musik im Unterricht der Sekundarstufe II — 9/75 448
– Messe de la Pentecôte (1950)
In: Jahnke, Sabine: Materialien zu einer Unterrichtssequenz: Messekompositionen im 20. Jahrhundert — 6/74 374

Moussorgsky, Modest: Eine Nacht auf dem kahlen Berge
In: Kreft, Ekkehard: Der Tritonus als Strukturintervall in bestimmten musikprogrammatischen Zusammenhängen. Darstellung von Hexen, Geistern und Zauberern in deutscher, französischer und russischer Musik — 7-8/73 385

Mozart, Wolfgang Amadeus: Die Zauberflöte
In: Werner-Jensen, Arnold: Opernbesuch für Hauptschüler — 12/76 615
– Die Hochzeit des Figaro (II. Akt, Finale)
In: Richter, Christoph: Unterrichtsmodell zum Thema „Musik als Spiel" — 3/73 132
– Die Hochzeit des Figaro (III. Akt)
In: Killmayer, Wilhelm: Sprache als Musik — 12/72 567
– Klavierkonzert in C, KV 503 (1. Satz)
In: Richter, Christoph: Unterrichtsmodell zum Thema „Musik als Spiel" — 3/73 132
– Klaviersonate KV 330 (2. Satz)
Richter, Christoph: Unterrichtsbeispiel: Zum Verhältnis von Musik und Sprache. Beispiele: Ernst Jandl, Sprechgedicht „viel vieh". W. A. Mozart, Klaviersonate KV 330, zweiter Satz — 2/77 88
– Klaviersonaten
In: Hering, Hans: Das spielerische Element in der klassisch-romantischen Klaviersonate — 7-8/77 390

Nono, Luigi: La fabbrica illuminata
Gruhn, Wilfried: Didaktische Reflexionen zu Luigi Nonos „La fabbrica illuminata" — 5/77 285

Otte, Hans: Alpha – Omega
In: Block, Gisela/Pütz, Werner: Die Collage als ästhetische Gestaltung der Realität — 12/74 680

Orff, Carl: Stücke für Sprechchor
Thomas, Claus: Wege zu erklingender Sprache. Zu den „Stücken für Sprechchor" von Carl Orff — 11/69 497
– Des Antonius von Padua Fischpredigt (aus dem Orff-Schulwerk)
In: Jahnke, Sabine: Materialien zu einer Unterrichtssequenz: Des Antonius von Padua Fischpredigt bei Orff – Mahler – Berio — 11/73 615

Penderecki, Krzysztof: Anaklasis (1960)
Häusler, Josef: Krzysztof Pendereckis „Anaklasis" — 7-8/69 342
– Anaklasis
In: Gruhn, Wilfried: Avantgarde – auf der Suche nach einer neuen Form — 11/70 481
– Anaklasis; Utrenja u.a.
In: Müller, Karl-Josef: Pendereckis Musik im „mobilen Netz trigonometrischer Punkte". Skizzierung thematischer Schwerpunkte — 12/75 622
– Lukas-Passion; Psalmen Davids
In: Müller, Karl-Josef: Traditionelles bei Penderecki — 5/72 234
– Lukas-Passion
Stilz, Ernst: Pendereckis „Lukas-Passion". Versuch einer Gegenüberstellung mit Teilen der „Matthäus-Passion" von Bach — 7-8/70 319
– Fluorescences
In: Pütz, Werner: Tendenzen in der Musik der Gegenwart und ihre Bedeutung für den Musikunterricht — 5/71 235
– Die Teufel von Loudun
Jahnke, Sabine: Musikdramatischer Exorzismus in Pendereckis Oper „Die Teufel von Loudun" — 12/75 615
– Threnos (1960)
Pütz, Werner: Musik der Avantgarde in der Volksschule — 4/70 165
– Utrenja
In: Finkel, Klaus/Wünnenberg, Ulrike: Reflexion – Improvisation – Notation. Ein Weg zur musikalischen Struktur. Hörerziehung bei musikalisch nicht vorgebildeten Schülern der Sekundarstufe mit Hilfe zeitgenössischer Musik — 10/76 505

Pepping, Ernst: Missa dona nobis pacem (1949)
In: Jahnke, Sabine: Materialien zu einer Unterrichtssequenz: Messekompositionen im 20. Jahrhundert 6/74 374

Ravel, Maurice: Ma Mère l'Oye
Sannemüller, Gerd: „Ma Mère l'Oye" von Maurice Ravel – fünf Stücke für Kinder 3/74 174

Reger, Max: Mozart-Variationen op. 132
Ehrenforth, Karl Heinrich: Max Reger: Variationen und Fuge über ein Thema von W. A. Mozart für großes Orchester op. 132 (1914) 12/73 673
– Klarinettenquintett op. 146
Kühn, Hellmut: Sang und Gegensang. Zu Regers Klarinettenquintett opus 146 12/73 670
– „Ein Tänzchen" für Klavier op. 17
In: Velten, Klaus: Möglichkeiten und Grenzen der didaktischen Auswertung einer informationstheoretisch orientierten Ästhetik 9/76 460
– Chorwerke (u.a. op. 38; 61; 83; 110; 112; 144)
Weinitschke, Ludwig Ernst: Max Regers Chorwerke 12/73 666

Riedl, Josef Anton: Paper music
Frisius, Rudolf: Neue Musik für Kinder – ein Problem der Animation? Anmerkungen zu den Arbeiten Josef Anton Riedls 9/78 565

Saint-Saëns, Camille: Der Karneval der Tiere
Schwarting, Jutta: Hörerziehung mit Vorschulkindern. „Les poules et les coqs" aus: „Le carnaval des animaux" von Camille Saint-Saëns – Modell einer Unterrichtseinheit mit Vorschulkindern 5/78 335

Schnebel, Dieter: Blasmusik
Peters, Manfred: Dieter Schnebels „Blasmusik" aus „Schulmusik". Erläuterungen zur Konzeption der „Schulmusik", eine Analyse der „Blasmusik" und didaktisch-methodische Überlegungen zu deren unterrichtlicher Verwendung 10/76 513
– Maulwerke; Madrasha 2; AMN
Schnebel, Dieter: Sprech- und Gesangsschule 12/72 559
– Glossolalie
Gruhn, Wilfried: Dieter Schnebels „Glossolalie". Ein Beitrag zum Thema Musik als Sprache – Sprache als Musik 12/72 580
– Glossolalie
In: Pütz, Werner: Tendenzen in der Musik der Gegenwart und ihre Bedeutung für den Musikunterricht 5/71 235
– Hörfunk I (Radiophonien)
In: Klüppelholz, Werner: Musik als Hörspiel. Zur musikpädagogischen Nutzung einiger Kompositionen von Kagel, Kühn, Schnebel u.a. 6/77 343

Schönbach, Dieter: Canzona da sonar III (1967) u.a.
In: Gojowy, Detlef: Multimedia und graphische Komposition. Zum Schaffen von Dieter Schönbach 5/70 273

Schönberg, Arnold: Orchesterstück op. 16 Nr. 3
Förtig, Peter: Schönbergs Opus 16 Nr. 3 9/69 396
– 3 Satiren für gem. Chor op. 28 mit Anhang; Bach-Bearbeitungen
In: Gruhn, Wilfried: Schönberg und die Tradition. Material für Unterrichtssequenzen 10/74 556
– Serenade op. 24; Suite op. 29
In: Koch, Peter: Schönberg, Berg und Webern für 13–15jährige? 7-8/69 330
– 2. Kammersymphonie op. 38
In: Velten, Klaus: Das Prinzip der entwickelnden Variation bei Johannes Brahms und Arnold Schönberg 10/74 547
– Lieder op. 1; 3; 14; 15
In: Venus, Dankmar: Zum Problem der Schlußbildung im Liedwerk von Schönberg, Berg und Webern 3/72 117

Schoof, Manfred: Ode
Kumpf, Hans H.: „Ode" von Manfred Schoof 10/77 532

Schumann, Robert: Träumerei
Kreft, Ekkehard: Schumanns „Träumerei" – ein Schlüsselwerk zur Akkordlehre 7-8/77 385
– Mondnacht
Körner, Klaus: Eichendorff/Schumann: „Mondnacht" – ein exemplarischer Fall 7-8/77 381
– Kleine Fuge op. 68, 40
Keil, Siegmar: Einführung in die Fugentechnik am Beispiel der „Kleinen Fuge" op. 68, 40 von Robert Schumann 6/69 279
– 3. Sinfonie (1. Satz)
In: Schmidt, Hans-Christian: Musik im Fernsehen – Musikalische Titel von FS-Serienfilmen. Eine Unterrichtssequenz für die Sekundarstufe I 1/77 23
– Klaviersonaten
In: Hering, Hans: Das spielerische Element in der klassisch-romantischen Klaviersonate 7-8/77 390

Stockhausen, Karlheinz: Gesang der Jünglinge
Gruhn, Wilfried: Elektronische Musik im Unterricht 1/70 6
– Gesang der Jünglinge
In: Brix, Lothar: Moderne Musik in der Schule. Ein Unterrichtsbeispiel 9/74 501
– Studie II
Bozzetti, Elmar: Reihenvariationen über ein Tongemisch. Analyse der „Studie II" von Karlheinz Stockhausen 1/73 17
– Zyklus für einen Schlagzeuger
Stockhausen, Karlheinz: „Zyklus für einen Schlagzeuger". Erläuterung der Partitur 5/69 235
und
Neuhaus, Max: Über die Schlagzeug-Technik des „Zyklus" 5/69 236
– Mikrophonie I
Günther, Ulrich: „Mikrophonie I" von Karlheinz Stockhausen im Musikunterricht 2/72 84
– Telemusik
Fuhrmann, Roderich: Karlheinz Stockhausen: „Telemusik" 1/74 24
– Stimmung; Mixtur; Gruppen für 3 Orchester; Hymnen u.a.

In: Frisius, Rudolf: Klangstrukturen und Formverläufe 1/74 7

Strauß, Johann: Walzer
In: Zimmerschied, Dieter: Musik als Manipulationsfaktor. Bericht über ein Unterrichtsmodell 2/72 80

Strawinsky, Igor: Der Feuervogel
Marbach, Gertrud: „Der Feuervogel" von Igor Strawinsky. Geschichte eines Balletts 6/71 280
– Geschichte vom Soldaten
Reinhardt, Klaus: Igor Strawinskys Konzertsuite nach der „Geschichte vom Soldaten" im Zusammenhang mit dem Textbuch von Ch. F. Ramuz 11/71 548
– Agon
Jahnke, Sabine: Igor Strawinskys „Agon" 12/71 594
– Messe 1948
In: Jahnke, Sabine: Materialien zu einer Unterrichtssequenz: Messekompositionen im 20. Jahrhundert 6/74 374

Vieru, Anatol: Die Kinderwelt
In: Schwarting, Heino: Neue Klaviermusik für Kinder seit der Wiener Schule. Anmerkungen zur Realisationspraxis 9/78 576

Wagner, Richard: Vorspiel zu Lohengrin
In: Schmidt, Hans-Christian: Musik im Fernsehen – Musikalische Titel von FS-Serienfilmen. Eine Unterrichtssequenz für die Sekundarstufe I 1/77 23

Weber, Carl Maria von: Der Freischütz
In: Kreft, Ekkehard: Der Tritonus als Strukturintervall in bestimmten musikprogrammatischen Zusammenhängen. Darstellung von Hexen, Geistern und Zauberern in deutscher, französischer und russischer Musik 7-8/73 385
– Klaviersonaten
In: Hering, Hans: Das spielerische Element in der klassisch-romantischen Klaviersonate 7-8/77 390

Webern, Anton: 5 Stücke für Streichquartett op. 5 (1909)
In: Becker, Peter: Ausdruck und Konstruktion bei Webern – Aspekte für den Musikunterricht in der Sekundarstufe II 3/78 174
– Orchesterstück op. 6 Nr. 4
In: Velten, Klaus: Über das Verhältnis von Ausdruck und Form im Werk Gustav Mahlers und Anton von Weberns 3/78 159
– Symphonie op. 21
Jetter, Elisabeth: Ordnungsprinzipien im ersten Satz von Anton Weberns Symphonie op. 21 3/78 151
– Symphonie op. 21
Borris, Siegfried: Weberns Symphonie op. 21. Strukturanalyse 6/73 324
– Variationen op. 27
In: Heimann, Walter: Autonomie und soziale Bindung. Musikgeschichte als Problem im Unterricht, dargestellt am Beispiel der Variationen op. 27, I von Anton Webern. Unterrichtsbeispiel für S II 3/78 165
– op. 5; 9; 27
In: Koch, Peter: Schönberg, Berg und Webern für 13–15jährige? 7-8/69 330
– Kinderstück für Klavier
In: Schwarting, Heino: Neue Klaviermusik für Kinder seit der Wiener Schule. Anmerkungen zur Realisationspraxis 9/78 576
– Lieder op. 3; 14; 16; 25
In: Venus, Dankmar: Zum Problem der Schlußbildung im Liedwerk von Schönberg, Berg und Webern 3/72 117

Zimmermann, Bernd Alois: Die Soldaten
Herbort, Heinz Josef: B. A. Zimmermann: „Die Soldaten" 11/71 539
– Die Soldaten
Zender, Hans: Gedanken zu Zimmermanns „Soldaten" 10/78 653
– Die Soldaten
Funk-Hennigs, Erika: Zimmermanns Philosophie der Zeit – dargestellt an Ausschnitten der Oper „Die Soldaten" 10/78 644
– Photoptosis
Kühn, Clemens: Bernd Alois Zimmermann: „Photoptosis". Ein Blick auf das Zitat in der Kunst der Gegenwart 2/74 109
– Photoptosis; Tratto II; Stille und Umkehr
In: Müller, Karl-Josef: Erleben und Messen. Zu Bernd Alois Zimmermanns Anschauung der Zeit in seinen letzten Werken 10/77 550

I,2 Gegenstände, Inhalte und Lernbereiche des Musikunterrichts

I,2,1 Lied, Singen, Sprechen

Antholz, Heinz: Das Ende vom Lied? Zur musikpädagogischen Situation im Spiegel lieddidaktischer Diskussion 9/73 439
Fuchs, Peter: Musik und Sprache. Erfahrungen in der Grundschule 12/72 585
Holderbach, Ekkehard: Überlegungen zum Lied im Unterricht 3/72 131
Killmayer, Wilhelm: Sprache als Musik 12/72 567
Kröher, Oss: Warum und welche Lieder in der Sekundarstufe I 3/78 186
Lisken, Gerd: Nach-Noten-Singen oder Liedanalyse? Ein kritischer Beitrag zu H. Papes Ganzheitsmethode 1/71 32
Lipskoch, Bärbel: Rhythmisch-melodische Arbeit an einem pentatonischen Kanon. (Orff-Schulwerk Band I Nr. 26 und Nr. 154). Unterrichtsversuch im 3. Schuljahr 2/69 77
Noll, Günther: Folklore mit Combo? Anmerkungen zu neuen Interpretationsversuchen 4/76 195
Poser, Hans: Neue An-Sätze zu einer alten Weise 7-8/69 336
Pütz, Werner: Neue Vokalmusik im Unterricht. Überlegungen zu einem didaktischen Konzept 3/77 141
und 4/77 217

Reinhardt, Klaus: Eine Ballade von Wolf Biermann 4/72 200
Rieger, Eva: Das Arbeiterlied im Musikunterricht 11/76 577
Schnebel, Dieter: Sprech- und Gesangsschule 12/72 559
Thomas, Claus: Wege zu erklingender Sprache. Zu den „Stücken für Sprechchor" von Carl Orff 11/69 497
Vogelsänger, Siegfried: Zur Neubestimmung des Stellenwertes von Volkslied und Singen im Musikunterricht 9/73 450
Vrchotovà-Pátovà, Jarmila: Prinzipien der Stimmbildung 6/69 285
Weyer, Reinhold: Möglichkeiten menschlicher Stimmäußerung – von außereuropäischer Musik zur Vokalkonzeption der Avantgarde 10/73 528
– Ansätze zur unterrichtlichen Behandlung der 1. Sinfonie von Gustav Mahler 11/73 622

I,2,2 Musik erfinden, Improvisieren

Bachmann, Claus-Henning: Theorie und Praxis improvisierter Musik. Über ein musikalisches Phänomen der Gegenwart 5/73 232
Bastian, Hans Günther: Avantgarde-Komposition und die Frage der Umsetzung in der Musikpädagogik, dargestellt am Beispiel von H. U. Engelmanns „mini-music to siegfried palm" op. 38. Ein Interview mit dem Komponisten 7-8/78 463
und
Musikdidaktische Umsetzung des Interviews für den Musikunterricht in der Orientierungsstufe (11–12jährige) 7-8/78 467
Clasen, Siegfried: Unterrichtsbeispiel zum Thema: Auditive Wahrnehmungserziehung 1/73 9
– Mauricio Kagel und seine Bedeutung für ein sich wandelndes Berufsbild des Schulmusikers 11/77 614
Eckert, Alex: Aleatorik – Musikalisches Dorado für Kinder. Versuche am Kinder-Musik-Institut Alex Eckert in Basel und mit dem Jugendchor Reinach 12/69 559
– „Galgenlieder" – Ein Multimediaspiel für Kinder 5/72 245
Finkel, Klaus/Wünnenberg, Ulrike: Reflexion – Improvisation – Notation. Ein Weg zur musikalischen Struktur. Hörerziehung bei musikalisch nicht vorgebildeten Schülern der Sekundarstufe mit Hilfe zeitgenössischer Musik 10/76 505
Friedemann, Lilly: Musikalische Bewußtseinsbildung ohne Noten 11/69 500
Frisius, Rudolf: Musikpädagogik als musikalische Aktivierung. Pädagogische Anregungen von Mauricio Kagel 9/78 552
– Neue Musik für Kinder – ein Problem der Animation? Anmerkungen zu den Arbeiten Josef Anton Riedls 9/78 565
Fritze, Christa: Emotionen in Sprache und Musik. Unterrichtseinheit für ein 3. Schuljahr der Lernbehindertenschule 6/78 412
Fuchs, Peter: Musik und Sprache. Erfahrungen in der Grundschule 12/72 585
Funk-Hennigs, Erika: Neue Musik für Kinder – Erwartungen der Musikpädagogik an den avantgardistischen Komponisten heute? 9/78 570
Günther, Ulrich: Unterrichtsversuch zum Thema „Musikalische Steigerung" 5/70 222
– Das Thema „Schall" im Musikunterricht. Didaktische Überlegungen und Unterrichtsversuch 1/72 25
Hansberger, Joachim: Mauricio Kagel regt zur Erfindung von Kinderinstrumenten an – Kölner Kurse für Neue Musik 1971 (Bericht) 7-8/72 378
Hoch, Peter: Die experimentelle Erfahrung als notwendiges Mittel einer Neuen Musik für Kinder 9/78 556
Keetman, Gunild: Elementare Bewegungsimprovisation 1/71 26
Kühlenthal, Michael: Musikalische Graphik im Unterricht 1/76 20
Lehr, Wilhelm: Schöpferisches Spiel mit Klängen in der Sekundarstufe I – Verwendung von herkömmlichen Instrumenten und elektronischen Klangerzeugern 9/74 506
Lisken, Gerd: Hinführung zu mittelalterlicher und neuer Musik mit Hilfe des Orff-Instrumentariums 1/69 22
Longardt, Wolfgang: Möglichkeiten musikalischer Gestaltungsübungen durch bildnerische, literarische und akustisch-experimentelle Impulse 12/69 556
Meyer, Heinz: Bartóks „Mikrokosmos" nur ein Klavierwerk? 4/70 176
Motte, Diether de la: Komponieren für Kinder 9/78 549
Müller, Karl-Josef: Neue Klangästhetik – Chance für die Schule? 9/70 374
Noll, Günther: Folklore mit Combo? Anmerkungen zu neuen Interpretationsversuchen 4/76 195
Peters, Manfred: Dieter Schnebels „Blasmusik" aus „Schulmusik". Erläuterungen zur Konzeption der „Schulmusik", eine Analyse der „Blasmusik" und didaktisch-methodische Überlegungen zu deren unterrichtlicher Verwendung 10/76 513
Poser, Hans: Neue An-Sätze zu einer alten Weise 7-8/69 336
Schwarting, Heino: Improvisatorische Übungen für die Arbeit mit neuerer Klaviermusik 10/70 433
Steiner, Lucie: Spiel und Improvisation nach einer Textvorlage mit Kindern im Vorschulalter – ein Stundenmodell zu Josef Guggenmoos „Aus Glas" 5/78 344
Thomas, Werner: „Experimentelles Musiktheater". Zur Struktur und Ortsbestimmung einer Neuform szenischer Improvisation 4/70 171
Wittich, Werner: Zur Didaktik der freien Improvisation 5/73 242

I,2,3 Hörerziehung

Breckoff, Werner: Musikhören in der Grundschule. Bericht über zwei Wege zum funktionalen Hören 5/70 219
Günther, Ulrich: Unterrichtsversuch zum Thema „Musikalische Steigerung" 5/70 222

– Das Thema „Schall“ im Musikunterricht. Didaktische Überlegungen und Unterrichtsversuche 1/72 25

Hartwich (Wiechell), Dörte: Erziehung zum Hören. Versuch, eine Methode der Musikpsychologie in die praktische Schularbeit einzuführen 6/71 293

Koch, Peter: Musik hören – Musik sehen. Das Schriftbild als Schlüssel zum Musikverstehen. Grundkurs Musik (3stündig) 10/73 549

Köneke, Hans W.: Schulkonzerte für den Primarbereich. Untersuchungen zur Musikrezeption bei Kindern 12/76 610

Meyer, Heinz: Musikhören im 5./6. Schuljahr 10/76 519

Regner, Hermann: Materialien zur Hörerziehung 5/70 217

Sannemüller, Gerd: „Ma Mère l'Oye“ von Maurice Ravel – fünf Stücke für Kinder 3/74 174

Schwarting, Jutta: Hörerziehung mit Vorschulkindern. „Les poules et les coqs“ aus: „Le carnaval des animaux“ von Camille Saint-Saëns – Modell einer Unterrichtseinheit mit Vorschulkindern 5/78 335

Weyer, Reinhold: Ansätze zur unterrichtlichen Behandlung der 1. Sinfonie von Gustav Mahler 11/73 622

I,2,4 Musiklehre und Musikgeschichte

Ehrenforth, Karl Heinrich: Max Reger: Variationen und Fuge über ein Thema von W. A. Mozart für großes Orchester op. 132 (1914) 12/73 673

Fischer, Wilfried: Traditionelle Notation im Musikunterricht der Primarstufe. Neue didaktisch-methodische Überlegungen zu einer alten Streitfrage 1/76 9

Heimann, Walter: Autonomie und soziale Bindung. Musikgeschichte als Problem im Unterricht, dargestellt am Beispiel der Variationen op. 27,I von Anton Webern. Unterrichtsbeispiel für S II 3/78 165

Keil, Siegmar: Einführung in die Fugentechnik am Beispiel der „Kleinen Fuge“ op. 68,40 von Robert Schumann 6/69 279

Koch, Peter: Musik hören – Musik sehen. Das Schriftbild als Schlüssel zum Musikverstehen. Grundkurs Musik (3stündig) 10/73 549

Kühlenthal, Michael: Musikalische Graphik im Unterricht 1/76 20

Mackensen, Johannes: Kursmodell „Arrangement – Bearbeitung – Original“ (Themenbereich „Strukturen – Formen – Stile“) 11/75 578

Mayer-Rosa, Eugen: Einführung in die elementare Formenlehre (Unterrichtssequenzen unter Einbeziehung der Schallplattenreihe „Kleine Formenlehre“) 3/71 140

Müller, Karl-Josef: Pendereckis Musik im „mobilen Netz trigonometrischer Punkte“. Skizzierung thematischer Schwerpunkte 12/75 622

Rauhe, Hermann: Zur Trivialitätsproblematik im Musikunterricht der Sekundarstufe II 6/76 320

Sandner, Wolfgang: Ragtime. Zur Geschichte einer nationalen amerikanischen Musik 6/76 314

Vogelsänger, Siegfried: Paul Hindemiths „Kleine Kammermusik“ op. 24 in einem 4. Schuljahr. Skizze für eine Musikstunde – gehalten in der Unterrichtsmitschauanlage der PH Dortmund 5/72 242

I,2,5 Neue Musik, Elektronik

Bastian, Hans Günther: Avantgarde-Komposition und die Frage der Umsetzung in der Musikpädagogik, dargestellt am Beispiel von H. U. Engelmanns „mini-music to siegfried palm“ op. 38. Ein Interview mit dem Komponisten 7-8/78 463
und
Musikdidaktische Umsetzung des Interviews für den Musikunterricht in der Orientierungsstufe (11–12jährige) 7-8/78 467

Becker, Peter: Ausdruck und Konstruktion bei Webern – Aspekte für den Musikunterricht in der Sekundarstufe II 3/78 174

– Heinz Holliger: „Psalm“. Versuch einer didaktischen Annäherung 1. Teil 6/78 419
2. Teil 7-8/78 479

Block, Gisela/Pütz, Werner: Die Collage als ästhetische Gestaltung der Realität 12/74 680

Bozzetti, Elmar: Reihenvariationen über ein Tongemisch. Analyse der „Studie II“ von Karlheinz Stockhausen 1/73 17

Brix, Lothar: Moderne Musik in der Schule. Ein Unterrichtsbeispiel 9/74 501

Eckart-Bäcker, Ursula: Pierre Boulez: „Le Marteau sans Maître“. Anregungen zu einem Unterrichtsprojekt für eine 4. Grundschulklasse: „Die unterschiedliche Behandlung der Stimme in ‚Le Marteau‘ (Nr. 3, 5, 6 und 9)“ 9/74 499

Frisius, Rudolf: Musikpädagogik als musikalische Aktivierung. Pädagogische Anregungen von Mauricio Kagel 9/78 552

Fuhrmann, Roderich: Karlheinz Stockhausen: „Telemusik“ 1/74 24

Funk-Hennigs, Erika: Neue Musik für Kinder – Erwartungen der Musikpädagogik an den avantgardistischen Komponisten heute? 9/78 570

Gruhn, Wilfried: Elektronische Musik im Unterricht 1/70 6

– Didaktische Reflexionen zu Luigi Nonos „La fabbrica illuminata“ 5/77 285

– Geschriebene Musik und Klang. Unterrichtssequenz in der Sekundarstufe I 10/78 675

Günther, Ulrich: „Mikrophonie I“ von Karlheinz Stockhausen im Musikunterricht 2/72 25

Heimann, Walter: Formen der Analyse sinfonischer Musik im Unterricht der Orientierungsstufe: Hans Werner Henzes Erste Sinfonie 2/78 105

– Autonomie und soziale Bindung. Musikgeschichte als Problem im Unterricht, dargestellt am Beispiel der Variationen op. 27,I von Anton Webern. Unterrichtsbeispiel für SII 3/78 165

Hoch, Peter: Die experimentelle Erfahrung als notwendiges Mittel einer Neuen Musik für Kinder 9/78 556

Karkoschka, Erhard: Eine Hörpartitur elektronischer Musik (Ligeti, „Artikulation") 5/72 221
Kemmelmeyer, Karl-Jürgen: Olivier Messiaen: „Livre d'orgue" I. Reprises par interversion – Wiederholung durch Binnenumstellung. Determinierte Musik im Unterricht der Sekundarstufe II 9/75 448
Kirchner, Gerhard: Ludus atonalis. Schüler auf dem Wege zur Neuen Musik (Bericht über ein Schulkonzert) 9/69 402
Klüppelholz, Werner: Henzes „El Cimarrón" – Eine didaktische Analyse für die Sekundarstufe II 2/78 95
Koch, Peter: Schönberg, Berg und Webern für 13–15jährige? 7-8/69 330
Krieger, Georg/Stroh, Wolfgang Martin: Probleme der Collage in der Musik, aufgezeigt am 3. Satz der „Sinfonia" von Luciano Berio 5/71 229
Lehr, Wilhelm: Elektronische Musik im Unterricht der Sekundarstufe II 6/73 319
Leister, Hans: Bergs „Wozzeck" im Musikunterricht der Studienstufe 1/70 10
Mayer-Rosa, Eugen: Alban Bergs „Altenberg-Lieder" im Unterricht 3/72 123
Müller, Karl-Josef: Pendereckis Musik im „mobilen Netz trigonometrischer Punkte". Skizzierung thematischer Schwerpunkte 12/75 622
– Erleben und Messen. Zu Bernd Alois Zimmermanns Anschauung der Zeit in seinen letzten Werken 10/77 550
Pütz, Werner: Neue Musik in kategorialen und exemplarischen Unterrichtssequenzen 9/70 377
– Musik der Avantgarde in der Volksschule 4/70 165
– Neue Vokalmusik im Unterricht. Überlegungen zu einem didaktischen Konzept. Teil I 3/77 141
Teil II 4/77 217
Reinfandt, Karl-Heinz: Musik als Bekenntnis – Klaus Hubers Oratorium „... inwendig voller figur ..." im Musikunterricht Sekundarstufe I 9/77 478
Rogge, Wolfgang: Die „Jeux Vénitiens" von Witold Lutosławski im Schulfunk. Ein Beitrag zum Thema „Öffentliche Konzerte für Schüler" 1/73 24
Runze, Klaus: Instrumentalpädagogik und Neue Musik für Kinder 9/78 583
Schnaus, Peter: Anmerkungen zu Luciano Berios „Circles" 7-8/78 489
Schnebel, Dieter: Sprech- und Gesangsschule 12/72 559
Schwarting, Heino: Neue Klaviermusik für Kinder seit der Wiener Schule. Anmerkungen zur Realisationspraxis 9/78 576
Stilz, Ernst, Pendereckis „Lukas-Passion". Versuch einer Gegenüberstellung mit Teilen der „Matthäus-Passion" von Bach 7-8/70 319
Vogelsänger, Siegfried: Paul Hindemiths „Kleine Kammermusik" op. 24 in einem 4. Schuljahr. Skizze für eine Musikstunde – gehalten in der Unterrichtsmitschauanlage der PH Dortmund 5/72 242
Walgenbach, Wilhelm: Versuch zur Bildung ästhetischer Redundanzen im Musikunterricht einer Volksschule 12/69 551
Weiß-Aigner, Günther: Béla Bartók: Musik für Saiteninstrumente, Schlagzeug und Celesta 9/75 440
Zarius, Karl-Heinz: Szenische Komposition – komponierte Szene. Kagels Neues Musiktheater als Reflexion zwischen den Medien 11/77 588

I,2,6 Außereuropäische Musik

Helms, Siegmund: Stilmerkmale japanischer Musik. (Unterrichtsbeispiel für die Sekundarstufe I) 1/75 14
Prinz, Ulrich: Der Stellenwert des musikalischen Kunstwerks im Unterricht. Demonstration an einem Beispiel. (Raga) 2/73 59
Suttner, Kurt: Musik aus Madagaskar. Überlegungen zu den Begriffen: Volksmusik – Folklore – Traditionelle Musik – Kultmusik. Über die Bedeutung der Improvisation in dieser Musik 1/75 19
Touma, Habib Hassan: Schallplattenreihen mit außereuropäischer Musik 5/77 276
Weyer, Reinhold: Möglichkeiten menschlicher Stimmäußerung – von außereuropäischer Musik zur Vokalkonzeption der Avantgarde 10/73 528
– Außereuropäische Musik im Musikunterricht der Primarstufe 1/75 22

I,2,7 Popularmusik, Pop, Beat, Jazz

Feurich, Hans Jürgen: James Lasts Bearbeitung des 2. Satzes von Beethovens „Pathétique" (op. 13) 4/73 184
Graves, Berry: Classic goes Pop 4/73 181
Grössel, Heinrich: Die Beat-Musik. Versuch einer Analyse 10/69 438
Hahn, Werner/Rauhe, Hermann: Gesichtspunkte für die Entwicklung von Unterrichtssequenzen aus dem Bereich Popmusik 5/74 289
– Zum didaktischen Problem kollektiver Identifikation mit kulturindustriellen Leitbildern, aufgezeigt an konkreten Unterrichtsbeispielen 11/74 601
Hahn, Werner: Deutschsprachige Popmusik im Unterricht der Sekundarstufe. Zu den Produktionen Udo Lindenbergs 11/74 628
Hampel, Gunter: Transformation 10/77 526
Hansberger, Joachim: Zur Funktion des Diskjockey im Rundfunk 12/70 538
Kemper, Martin: Musik der Subkultur: „Für wen ist diese Musik?" 11/74 614
Kumpf, Hans H.: „Ode" von Manfred Schoof 10/77 532
Leeb, Helmut: Werkanalyse oder Gemütsbewegung. Überlegungen zur Popmusik im Unterricht 5/74 293
Mayer-Rosa, Eugen: „Play Bach" und „Switched-on-Bach" im Unterricht 4/73 190
Motte-Haber, Helga de la: „Erkennen Sie die Melodie?" Gedanken zur gewaltsamen Zerstörung von Kunstwerken 4/73 178
Pfaff, Herbert: Pop, Jazz und E-Musik. Absichten, Aussagen und Bezüge 5/74 311

Prinz, Ulrich: „Jesus Christ Superstar“ – eine Passion in Rock. Ansätze zu einer Analyse und Interpretation	4/72	194
Rauhe, Hermann: Ansätze zu einer Didaktik und Methodik des Beat	10/69	445
– s. Hahn, Werner	5/74	289
und	11/74	601
– Zur Trivialitätsproblematik im Musikunterricht der Sekundarstufe II	6/76	320
– Antriebsförderung durch populäre Musik. Ein Ansatz zur rezeptiven Musiktherapie in der neurologischen Rehabilitation	9/77	448
Sandner, Wolfgang: Ragtime. Zur Geschichte einer nationalen amerikanischen Musik	6/76	314
Seibold, Wolfgang: Beat und Kunstmusik. Zwei unvereinbare Gegensätze für die Schulmusik?	4/72	172
Storb, Ilse: Informationen zur Pop-Musik	10/69	434
– Beat im Musikunterricht der Hauptschule	12/72	543
– Beat: „Penny Lane“ – Modell einer Analyse	4/71	189

I,2,8 Musikübergreifende Themen

1) Musik und Sprache

Becker, Peter: Heinz Holliger: „Psalm“. Versuch einer didaktischen Annäherung	6/78	419
und	7-8/78	497
Eicke, Kurt Erich: Musik und Sprache. Eine didaktische Orientierung am Beispiel des Rezitativs	2/71	78
Frisius, Rudolf: Neue Musik für Kinder – ein Problem der Animation? Anmerkungen zu den Arbeiten Josef Anton Riedls	9/78	565
Fuchs, Peter: Musik und Sprache. Erfahrungen in der Grundschule	12/72	585
Killmayer, Wilhelm: Sprache als Musik	12/72	567
Klüppelholz, Werner: Musik als Hörspiel. Zur musikpädagogischen Nutzung einiger Kompositionen von Kagel, Kühn, Schnebel u.a.	6/77	343
Peters, Manfred: Dieter Schnebels „Blasmusik“ aus „Schulmusik“. Erläuterungen zur Konzeption der „Schulmusik“, eine Analyse der „Blasmusik“ und didaktisch-methodische Überlegungen zu deren unterrichtlicher Verwendung	10/76	513
Richter, Christoph: Unterrichtsmodell zum Thema „Musik als Spiel“	3/73	132
– Unterrichtsbeispiel: Zum Verhältnis von Musik und Sprache. Beispiele: Ernst Jandl, Sprechgedicht „viel vieh“. W. A. Mozart, Klaviersonate KV 330, zweiter Satz	2/77	88
Schnaus, Peter: Anmerkungen zu Luciano Berios „Circles“	7-8/78	489

2) Musik und Bewegung/Szene

Clasen, Siegfried: Mauricio Kagel und seine Bedeutung für ein sich wandelndes Berufsbild des Schulmusikers	11/77	614
Eckert, Alex: „Galgenlieder“ – Ein Multimediaspiel für Kinder	5/72	245
Frisius, Rudolf und Günther, Ulrich: Musik und Bewegung. Neue Verbindungen zwischen Musik und Sport	1/71	16
Gruhn, Wilfried: Didaktische Reflexionen zu Luigi Nonos „La fabbrica illuminata“	5/77	285
– Die instrumentale Inszenierung des Klanges bei Mauricio Kagel	11/77	606
Huelle, Dieter: Vom Klang des Sonetts	4/69	170
Keetman, Gunild: Elementare Bewegungsimprovisation	1/71	26
Thomas, Werner: „Experimentelles Musiktheater“. Zur Struktur und Ortsbestimmung einer Neuform szenischer Improvisation	4/70	171
Zarius, Karl-Heinz: Szenische Komposition komponierte Szene. Kagels Neues Musiktheater als Reflexion zwischen den Medien	11/77	588

3) Musik und Bildende Kunst

Lenk, Kaspar-Thomas: „Nachbilder zu Mahler“ [Radierungen als „grafische Berichte“ zu Mahlers 4. Sinfonie]	11/73	604
Werner-Jensen, Arnold: Malerischer und musikalischer Impressionismus. Gegenüberstellung von Monet und Debussy (SI und SII)	7-8/77	402
Zimmerschied, Dieter: Musik als Manipulationsfaktor. Bericht über ein Unterrichtsmodell	2/72	80

4) Musik und Gesellschaft

Klüppelholz, Werner: Henzes „El Cimarrón“ – Eine didaktische Analyse für die Sekundarstufe II	2/78	95
Rauhe, Hermann: Ansätze zu einer Didaktik und Methodik des Beat	10/69	445
Reinhard, Klaus: Eine Ballade von Wolf Biermann	4/72	200
Rieger, Eva: Das Arbeiterlied im Musikunterricht	11/76	577
Schmitt, Rainer: Musik und Freiheit. Ein projektorientiertes Planungsmodell für den Musikunterricht in der Sekundarstufe	12/78	783
Schneider, Ernst Klaus: Politisches Programm und ästhetischer Anspruch in den Produktionen politisch engagierter Komponisten. Beispiel: Hanns Eisler	11/76	556
Velten, Klaus: Das Musikwerk im Lichte von Bedingungs- und Wirkfaktoren. Modelle einer umfeldorientierten Werkinterpretation in der Sekundarstufe	11/78	714
Werner-Jensen, Arnold: Fächerübergreifender Unterricht. Didaktische Überlegungen und konkrete Modellvorschläge	12/78	762

5) Musik und Technik

Frisius, Rudolf/Schwan, Alexander: Unterrichtsprojekt „Radiomacher“. Schüler als Hörspielmacher: Komponierte Radiomitschnitte – Radiostücke über den musikalischen Alltag von Radiohörern	2/78	115

Tschache, Helmut: Projektorientierter Unterricht im Schulfach Musik	12/78	777

I,2,9 Musik in den Medien

Eisenberg, Ursula: Filmmusik im Unterricht	12/77	686
Frisius, Rudolf/Schwan, Alexander: Unterrichtsprojekt „Radiomacher". Schüler als Hörspielmacher: Komponierte Radiomitschnitte Radiostücke über den musikalischen Alltag von Radiohörern	2/78	115
Freitag, Werner: Musik und Werbung – Versuche im Fachpraktikum Musik	5/74	308
Hahn, Werner/Rauhe, Hermann: Zum didaktischen Problem kollektiver Identifikation mit kulturindustriellen Leitbildern, aufgezeigt an konkreten Unterrichtsbeispielen	11/74	601
Hansberger, Joachim: Zur Funktion des Diskjockey im Rundfunk	12/70	538
Kemper, Martin: Musik der Subkultur: „Für wen ist diese Musik?"	11/74	614
Klüppelholz, Werner: Musik als Hörspiel. Zur musikpädagogischen Nutzung einiger Kompositionen von Kagel, Kühn, Schnebel u.a.	6/77	343
Meißner, Roland: Mendelssohns Söhnlein. Musik in der Fernsehwerbung	5/74	305
Motte-Haber, Helga de la: „Erkennen Sie die Melodie?" Gedanken zur gewaltsamen Zerstörung von Kunstwerken	4/73	178
Rauhe, Hermann: Zur Trivialitätsproblematik im Musikunterricht der Sekundarstufe II	6/76	320
Schmitt, Rainer: Musik in der Werbung. Ein Beitrag zu ihrer Didaktik	6/76	327
Schmidt, Hans-Christian: Musik im Fernsehen – Musikalische Titel von FS-Serienfilmen. Eine Unterrichtssequenz für die Sekundarstufe I	1/77	23

I,3 Leistungsmessung, Tests, Prüfungen

Koch, Peter: Sekundarstufe II: Facharbeit und Ausgleichsregelung. Vergebene Chancen der Schulreform?	2/77	103
Schneider, Ernst Klaus: Zur Problematik der „Einheitlichen Prüfungsanforderungen in der Abiturprüfung Musik". Anregung zu einer notwendigen Diskussion	4/76	205
Tiedemann, Hans-Joachim: Die musikalische Werkbeschreibung. Ein Beitrag zur Anlage und Bewertung der schriftlichen Werkbetrachtung	7-8/69	338
Zimmerschied, Dieter (für die Konferenz der Musik-Fachberater der Bundesländer und West-Berlins): Themen für das schriftliche Abitur im Fach Musik	12/74	686
– Themen für Grund- und Leistungskurse im Musikunterricht der Sekundarstufe II	11/75	583

I,4 Unterrichtsmedien, Musiksaaleinrichtung

Abel-Struth, Sigrid: Filme für den Musikunterricht	4/75	181
Eckart-Bäcker, Ursula: Musikpädagogische Informationen auf Kinderschallplatten? Zum pädagogischen Wert einiger Musikplatten für Kinder	4/75	188
Gallist, Heinz: Zur Situation der Schulmusikerzieher in der Provinz (Leserbrief)	2/77	107
Hansberger, Joachim: Mauricio Kagel regt zur Erfindung von Kinderinstrumenten an – Kölner Kurse für Neue Musik (Bericht)	7-8/72	378
Karkoschka, Erhard: Eine Hörpartitur elektronischer Musik (Ligetis „Artikulation")	5/72	221
– Ein Synthesizer im Musikunterricht (VCS 3)	7-8/74	444
Kleinen, Günter: Tontechnik für Musikpädagogen – alphabetisch. Mit einer Literaturauswahl zum Thema Tontechnik und Schallplatte	5/71	243
Klöckner, Dieter: Umgang mit dem Kassettenrecorder – Bericht über eine Arbeitsgemeinschaft in der Grundschule	12/77	678
Koch, Peter u.a.: Musikräume für die Sekundarstufe I und II und ihre Ausstattung	2/75	81
Laade, Wolfgang: Sechs Jahrhunderte spanischer Musik auf Schallplatten	2/71	82
Lentz, Hermann Josef: „Jugend musiziert" – Schallplatten, eine Fundgrube für den schulischen Musikunterricht	7-8/73	396
Mundigl, Josef Otto: Ein Synthesizer für den Unterricht (Leserbrief)	1/75	37
Schläger, Theo: Ein neues Gerät zum Erstellen von Elementarpartituren im Musikunterricht	6/77	353
Vgl. hierzu die Leserzuschrift von Heinz Otto Paul/Rudolf-Dieter Kraemer	9/77	494
Tenney, James: „Noise Study" (Computer-Komposition)	6/71	355
Touma, Habib Hassan: Schallplattenreihen mit außereuropäischer Musik	5/77	276
Venus, Dankmar: Funktionsgemäße Musikräume	12/71	611
Vgl. hierzu den Abdruck des FWU: Technische Ausrüstung von Musikräumen	12/71	613
Weyer, Reinhold: Musikhören – Musiksehen. Ein neues Lerngerät für den Musikunterricht	4/76	201
– Musikunterricht und Film – Kritische Anmerkungen zu einem vernachlässigten Thema	12/77	681

I,5 Methoden und Formen der Vermittlung von Musik

Behne, Klaus Ernst: Zur Erfassung musikalischer Verhaltensweisen im Vorschul- und Primarbereich	2/74	103
Börner, Klaus: Klaviermethodik – Klavierdidaktik. Gedanken zur Neubesinnung um ein Lehrfach	7-8/72	334

Borris, Siegfried: Konzerte für die ganze Familie (Bericht) 3/77 151

Breckoff, Werner: Musikhören in der Grundschule. Bericht über zwei Wege zum funktionalen Hören 5/70 219

Flechsig, Hartmut: Werkbetrachtung und Stilvergleich im fächerübergreifenden Unterricht 12/78 766

Frisius, Rudolf/Schwan, Alexander: Unterrichtsprojekt „Radiomacher". Schüler als Hörspielmacher: Komponierte Radiomitschnitte – Radiostücke über den musikalischen Alltag von Radiohörern 2/78 115

Frisius, Rudolf: Neue Musik für Kinder – ein Problem der Animation? Anmerkungen zu den Arbeiten Josef Anton Riedls 9/78 565

– Musikpädagogik als musikalische Aktivierung. Pädagogische Anregungen von Mauricio Kagel 9/78 552

Funk-Hennigs, Erika: Neue Musik für Kinder – Erwartungen der Musikpädagogik an den avantgardistischen Komponisten heute? 9/78 570

Gallist, Heinz: Zur Situation der Schulmusikerzieher in der Provinz (Leserbrief) 2/77 107

Gundlach, Willi: Instrumentalunterricht an Gesamtschulen 3/75 125

Hansberger, Joachim: Mauricio Kagel regt zur Erfindung von Kinderinstrumenten an – Kölner Kurse für Neue Musik (Bericht) 7-8/72 378

Hartwich (Wiechell), Dörte: Erziehung zum Hören. Versuch, eine Methode der Musikpsychologie in die praktische Schularbeit einzuführen 6/71 293

Heinsch, Wolfgang: Musikalische Wissensvermittlung als Grundlage der Gestaltung im Instrumentalunterricht 7-8/72 339

Hoch, Peter: Die experimentelle Erfahrung als notwendiges Mittel einer Neuen Musik für Kinder 9/78 556

Klöckner, Dieter: Modellversuch „Grundschule mit Schwerpunkt Musik". Bericht über einen Schulversuch im Primarbereich 9/74 511

Koch, Peter: Schulorchester als Grundkurs (2- bis 3stündig) 12/73 690

Köneke, Hans W.: Schulkonzerte für den Primarbereich. Untersuchungen zur Musikrezeption bei Kindern 12/76 610

Lisken, Gerd: Nach-Noten-Singen oder Liedanalyse? Ein kritischer Beitrag zu H. Papes Ganzheitsmethode 1/71 32

Lützen, Ludolf: Frühinstrumentalunterricht nach Suzuki. Suzuki-Methode auch in Deutschland? 5/78 326

Mackensen, Johannes: Kursmodell „Arrangement – Bearbeitung – Original". Themenbereich „Strukturen – Formen – Stile" 11/75 578

Meyer, Heinz: Motivation im Musikunterricht 7-8/69 327

– Musikhören im 5./6. Schuljahr 10/76 519

– Übung und Spiel – vernachlässigte Unterrichtselemente 12/77 689

Motte, Diether de la: Komponieren für Kinder 9/78 549

Müller-Bech, Werner: Zur Unterrichtstechnik in der Instrumentalausbildung 3/75 116

Rauhe, Hermann/Ribke, Wilfried: Handlungsorientierter Musikunterricht: Theoretische Grundlagen und praktische Perspektiven 6/77 338

Rebscher, Georg: Zur Integrierung des Instrumentenspiels in der Schule 11/69 502

Reinfandt, Karl-Heinz: Unterrichtsplanung im Fach Musik am Beispiel „Der Zauberlehrling" von Paul Dukas 7-8/73 389

Rogge, Wolfgang: Die „Jeux Vénitiens" von Witold Lutosławski im Schulfunk. Ein Beitrag zum Thema „Öffentliche Konzerte für Schüler" 1/73 24

Runze, Klaus: Instrumentalpädagogik und Neue Musik für Kinder 9/78 583

Riepenhausen, Irmgard: Orchesterkonzerte für Schüler in Berlin (Bericht) 12/76 626

Schaefer, Hans-Joachim: Werkstattkonzerte für die Jugend (Bericht über Kasseler Erfahrungen) 12/76 619

Schwermer, Johannes: Konzerte für die Jugend (Ein Kölner Erfahrungsbericht) 12/76 623

Schwarting, Heino: Gemeinsame Konzeptionen für Klavier- und Theorieunterricht 7-8/72 344

Seibold, Wolfgang: Bei der Arbeit beobachtet. Mit Schülern bei einer Orchesterprobe 3/69 120

Sowa, Georg: Bildungswerte des Vergleichs 7-8/70 325

Vogelsänger, Siegfried: Die Bestimmung des „Elementaren" der Musik – Ausgangsproblem aller Musikdidaktik 1/70 14

Vrchotová-Pátová, Jermila: Prinzipien der Stimmbildung 6/69 285

Walgenbach, Wilhelm: Versuche zur Bildung ästhetischer Redundanzen im Musikunterricht einer Volksschule 12/69 551

Werner-Jensen, Arnold: Opernbesuch für Hauptschüler 12/76 615

– Fachübergreifender Unterricht. Didaktische Überlegungen und konkrete Modellvorschläge 12/78 762

Zimmerschied, Dieter: Musik als Manipulationsfaktor. Bericht über ein Unterrichtsmodell 2/72 80

I,6 Musikalische Früherziehung

Behne, Klaus-Ernst: Zur Erfassung musikalischer Verhaltensweisen im Vorschul- und Primarbereich 2/74 103

Fritze, Christa: Emotionen in Sprache und Musik. Unterrichtseinheit für ein 3. Schuljahr der Lernbehindertenschule 6/78 412

Jentges, Christel: Musik- und Bewegungsunterricht mit 4–6jährigen Kindern 12/69 557

Runze, Klaus: Das Klavier als Medium einer Gesamtfrüherziehung 6/71 297

Schwarting, Jutta: Hörerziehung mit Vorschulkindern. „Les poules et les coqs" aus: „Le carnaval des animaux" von Camille Saint-Saëns – Modell einer Unterrichtseinheit mit Vorschulkindern 5/78 335

Steiner, Lucie: Spiel und Improvisation nach einer Textvorlage mit Kindern im Vorschulalter – ein Studienmodell zu Josef Guggenmoos „Aus Glas" 5/78 344

II Theoretische Beiträge

II, 1 Musikpädagogik, allgemein: Didaktische Theorie, Curriculumtheorie, Musikdidaktik, musikpädagogische Forschung

Abel-Struth, Sigrid: Musikpädagogik – Forschung und Lehre	4/70	160
– Musikunterricht in der Grundstufe	5/70	215
– Musikpädagogische Forschung unter dem Aspekt der Bildungsreform	12/70	531
– Musikalische Sozialisation, Musikpädagogische Aspekte	9/70	487
Abraham, Lars Ulrich: Revision des Curriculum als Reformhemmnis?	1/72	31
Affemann, Rudolf: Die helfende Funktion der Musik für die Entwicklung der Persönlichkeit	1/78	12
Alt, Michael: Forschung in der Musikerziehung	3/70	127
– Die Mitsprache der Pädagogik bei der Zielproblematik des neuen Musikunterrichts	5/71	224
– Die Funktionsfelder des Musikunterrichtes und ihre Integration	3/69	109
Antholz, Heinz: Kalamitäten musikalischer Grundausbildung	7-8/75	360
– Musikunterricht der Jugendschule im Horizont von Freizeiterziehung	6/70	262
– Zur politisch-ästhetischen Erziehung	11/72	525
Behrmann, Karsten: Die Blockflöte nach der Jugendmusikbewegung	7-8/72	348
Binkowski, Bernhard: Aufgabe und Bedeutung des schulischen Musikunterrichts für die musikalische Breitenbildung	3/76	130
– Die Musik im Strukturplan des Deutschen Bildungsrates (Lehrerbildung)	12/70	528
– Musikpädagogik in der politischen Wirklichkeit	1/72	6
– Die Stellung der Musik in der Bildungplanung des Landes Baden-Württemberg	2/69	64
– Musik und Individuum	9/74	485
– Bilden – Helfen – Heilen. Musikunterricht zwischen Erziehung und Therapie (Eröffnung der VI. Bundestagung des VDS)	1/78	2
– Musikerziehung und öffentliches Musikleben. Erwartungen – Ansprüche – Zusammenarbeit	4/78	225
Blaukopf, Kurt: Musik in der Schule – braucht man das wirklich?	7-8/69	323
Borris, Siegfried: Die neuen Wirklichkeiten für den Unterricht in Musik	1/69	25
Breckhoff, Werner: Bemerkungen zur Richtlinienkritik	1/70	19
Brix, Lothar: ... Auch du „verstehst" Musik. Zum Kommunikationsfetisch in der Musikpädagogik	9/76	445
– Anmerkungen zu einer sich politisch verstehenden Musikerziehung	6/72	293
Brömse, Peter: Die Integration der Musikpädagogik in die Musikwissenschaft	5/75	244
Bruhn, Klaus/Stephan, Rudolf: Musik und Emanzipation (aus: Die „zweite Reform". Beiheft der Zs. für Religions- und Geistesgeschichte, Leiden 1973)	1/75	37
Buchhofer, Bernd/Friedrichs, Jürgen/ Lüdtke, Hartmut: Musikpädagogik als Strukturbereich des Musiklebens	5/77	249
Cykler, Edmund A.: Musikerziehung in den USA	2/76	75
Dadelsen von, Hans-Christian: „Ästhetische Erziehung" – ein pädagogischer Ästhetizismus?	5/76	241
Daniélou, Alain: Probleme des Musikunterrichts in asiatischen Ländern	4/74	247
Dahlhaus, Carl: Braucht der Musikunterricht eine Rechtfertigung?	7-8/73	400
– Autonomie und Bildungsfunktion der Musik	12/74	653
Deutscher Musikrat: Schulische und außerschulische Musikpädagogik und Musikpflege	1/77	36
Eckhardt, Josef/Lück, Helmut E.: Das Petitum nach dem Schulmusikunterricht	7-8/76	365
Eggebrecht, Hans Heinrich: Wissenschaftsorientierte Schulmusik	1/72	29
– Über Adornos „Zur Musikpädagogik"	2/71	67
Ehrenforth, Karl Heinrich/Richter, Christoph: Die Lehrpläne für das Fach Musik in der Sekundarstufe II	11/75	545
Ehrenforth, Karl Heinrich: Emotionalität und Humanität. Grundsätzliche Anmerkungen zum besonderen Auftrag der Musikerziehung in einer humanen Schule	1/78	31
Fallois von, Christa: Musik in der Grundschule aus der Sicht einer Mutter	7-8/76	382

Frisius, Rudolf: Musikunterricht als auditive Wahrnehmungserziehung – fachwissenschaftliche Grundlagen 1/73 1
– Musik und Musikpädagogik – fachimmanent und fächerübergreifend 12/78 757
Fuchs, Erwin: Musikpädagogik und politische Wirklichkeit 1/72 3
Fuchs, Peter: Thesen zur Entwicklung eines didaktischen Konzepts 1/73 6
Gohl, Willi: Die Musik in der Schule 6/71 315
Gruhn, Wilfried: Musikerziehung ohne Musik? 6/69 276
Günther, Ulrich: 10 Jahre Oldenburger „Arbeitsgemeinschaft Unterrichtsforschung" 3/75 139
– Musikhören – das musikpädagogische Hauptproblem der Gegenwart? 4/70 162
– Die Schulmusikerziehung von der Kestenberg-Reform bis zum Ende des Dritten Reiches 4/69 179
Gundlach, Willi: Das Problem „Emotionalität" im Spiegel des Lehrplans (Korreferat zu Richter, Christoph: Notwendigkeit ...) 1/78 40
Hahn, R.: Grundsätze für die musikalische Bildung 3/69 131
Hartwich (Wiechell), Dörte: Woran Musikunterricht auch noch krankt ... 10/72 478
Heindrichs, Heinz-Albert: Musikerziehung und musikalische Wirklichkeit 3/72 137
Henneberg, Gudrun: Popmusik und Schule 11/74 618
Hentig, Hartmut von: Die Grenzen der Lerngesellschaft 1/72 1
Hoffmann, Volker: Hörerziehung oder auditive Wahrnehmungserziehung? 6/75 305
Hollstein, Walter: Der Untergrund – Subkulturen in der gegenwärtigen Gesellschaft. Jugendlicher Protest und sozialer Wandel 11/74 598
Jenne, Michael: Soziologische Thesen zum Musikunterricht in der Schule 5/70 212
Kerbs, Diethart: Zum Begriff der ästhetischen Erziehung 11/72 514
Kirchner, Gerhard: Entwurf einer bipolaren Musikdidaktik 12/69 548
Knill, Paul J.: Erwachsenenbildung und Musik 4/77 189
Kraus, Egon: Grundzüge einer Curriculumentwicklung in den USA und in der Bundesrepublik 5/70 225
– Entwicklung eines neuen Musik-Curriculums 7-8/70 311
– Lehrplankritik als Voraussetzung zur Lehrplanreform 1/70 53
– Musikpädagogische Forschung in den USA 3/72 141
Kraus, Egon/Borris, Siegfried/Twittenhoff, Wilhelm: Das musikalische Bildungswesen im Spiegel neuer statistischer Erhebungen 1/69 6
Lewinski, Wolf-Eberhard von: Musik in der politischen Wirklichkeit 1/72 10
Lorenz, Ulrike: Emanzipation (aus: Grundschulmagazin 10/75, München) 1/76 39
Maier, Hans: Die Musik in der deutschen Bildungsdiskussion 1/69 6
– Zum Strukturplan des Deutschen Bildungsrates 12/70 521
Marohl, Bertold: Zum Begriff der Kreativität in der Musikerziehung 5/73 262
Matthies, Klaus: Interdisziplinärer Ansatz zur Fachdidaktik 4/73 105
Merget, Gerhard: Zum Problem der musikalischen Elterndidaktik 7-8/76 387
Meyer, Heinz: Plädoyer für eine Theorie der Musikdidaktik 12/75 631
– Motivation im Musikunterricht 7-8/69 327
– Zum Bildungsinhalt des Faches Musik 5/69 224
– Schlagerdidaktik und Musikpädagogik 11/74 624
– Übung und Spiel – vernachlässigte Unterrichtselemente 12/77 689
Meyer-Denkmann, Gertrud: Welche Funktion hat die Musikpädagogik heute? 2/71 74
Michel, Paul: Pädagogische Aspekte des Musiklebens in der DDR 2/75 78
– Ziele und Prinzipien der ästhetischen Erziehung im Musikunterricht der DDR 11/72 530
Motte-Haber, Helga de la: Bedarf und Bedürfnis bei der Reform der Musiklehrerausbildung 7-8/75 348
– Verwechslung-Verschiebung. Anmerkung zu Lothar Brix, „... Auch du verstehst Musik" 9/76 454
– Zur Diskussion musikpädagogischer Zielvorstellungen 5/71 221
– „Erkennen Sie die Melodie?" Gedanken zur gewaltsamen Zerstörung von Kunstwerken 4/73 178
– Sozialisierungsprozesse im Musikunterricht? 2/74 84
Nabokow, Nicolas: Das Dilemma der Musikerziehung 5/69 224
Natale, Marco de: Didaktische Aspekte der musikalischen Wahrnehmung und Kommunikation 2/74 97
Noll, Günther: Lernmotivation und ihre Forschung – ein Existenzproblem des Musikunterrichts? 5/75 238
– Zum Problem der Kommunikation im Musikunterricht 2/74 77
– Der Anspruch von Wissenschaft und Praxis im Musikunterricht der allgemeinbildenden Schule und in der Lehrerausbildung 5/77 269
Nolte, Eckhard: Musikbegriff und didaktische Konzeption 9/75 424
– Musikpädagogik und die Auffassung der Musik als Kommunikationsphänomen 9/76 433
– Zur Terminologie in der Musikpädagogik 4/77 207
Otto, Günter: Interdisziplinäre Aspekte einer künftigen Didaktik für den ästhetischen Bereich 4/73 116
Pape, Winfried: Der Musikunterricht in der Sicht der Schüler 5/73 256
Plambeck, Helmut: Die gegenwärtige Situation der Schulmusikerziehung aus elterlicher Sicht 7-8/76 380
Prinz, Ulrich: Der Stellenwert des musikalischen Kunstwerkes im Unterricht 3/73 59
Rauhe, Hermann: Die Musik im Strukturplan des Deutschen Bildungsrates (Schule) 12/70 524
– Interdisziplinäre Verflechtung der Musikpädagogik 4/73 110
– Bilden – Helfen – Heilen. Zur anthropologischen Begründung und Ausrichtung eines ausgewogenen Musikunterrichts für alle Stufen der Allgemeinbildenden Schule 1/78 4
Rauhe, Hermann/Ribke, Wilfried: Handlungsorientierter Musikunterricht: Theoretische Grundlagen und praktische Perspektiven 6/77 339

Rebel, Karlheinz: Die bildungspolitische und didaktische Bedeutung unterrichtstechnologischer Verfahren in Schule und Hochschule 7-8/74 427
Rech, Peter: Anti-Musik und Schule 7-8/72 351
Reckziegel, Walter: Musikunterricht – erwünscht oder unerwünscht? Eine Untersuchung zur Einstellung der Eltern zum Musikunterricht 5/77 273
Reinicke, Hans-Peter: Verbale und nonverbale Kommunikation 9/76 442
– Psychologische Aspekte der Bildungsziele und -inhalte des Faches Musik 7-8/70 305
Reinfandt, Karl-Heinz: Praxis der Musikunterrichts und didaktische Theorie 12/74 658
Richter, Christoph: Kolloquium mit Schulleitern – 13. Arbeitstagung des Methorster Kreises 9/77 492
– Musik als Leistungsfach in der Studienstufe 3/73 74
– Notwendigkeit und Möglichkeiten der Entfaltung von Emotionalität im Musikunterricht 1/78 21
Roger, Yves: Kreativität und Schule 5/73 251
Roscher, Wolfgang: Ästhetische Erziehung als Feindbild (vgl. v. Dadelsen) 10/76 528
– Lernziele ästhetischer Erziehung von Gesellschaft 11/72 520
Rummenhöller, Peter: Der Arbeitskreis „Grundsatzfragen der Musik“ auf der BSW in Saarbrücken 6/70 287
Schmidt, Hans-Christian: Diskussionsbericht der VI. Bundestagung des VDS (Bilden – Helfen – Heilen) 1/78 42
Schmidt, Lloyd: Berufsorientierte Musikerziehung 3/77 135
Schmidt(-Brunner), Wolfgang: Der Stellenwert des musikalischen Kunstwerks im Unterricht: Entwicklung eines didaktischen Konzeptes 3/73 53
Schmitt, Rainer: Funktionsziele des Musikunterrichts 4/74 250
Schuler, Manfred: In Sachen Curricula 9/76 457
– Nochmals in Sachen Curricula 9/77 488
Schwenke, Olaf: Ästhetische Erziehung und Kommunikation 4/73 119
Seibold, Wolfgang: Schlußfeier: Festliche Langeweile – resigniertes Nichts oder? 4/70 179
Sowa, Georg: Bildungswerte des Vergleichs 7-8/70 325
– Musik in der Schule und die Bildung von Sozialitätstypen 2/72 75
– Ideologie und Ideologie-Kritik im neueren musikpädagogischen Schrifttum 2/74 92
– Die Stunde der Übergabe. Plädoyer für Musikunterricht an Schulen durch Musikschulen 3/74 169
Stellungnahme zur Rahmenstudie „Musik und Sozialstruktur“
a) Christoph Richter: Zur Beurteilung der musikpädagogischen Situation
b) Peter Faltin: Sozialwissenschaftliche Aspekte
c) Helga de la Motte-Haber: Die Struktur des Musiklebens am Reißbrett
d) Klaus-Ernst Behne: Zu den musikpädagogischen Forschungsprojekten
e) Karl Heinrich Ehrenforth: Anmerkungen zu den musikpädagogischen Forschungsvorhaben (vergl.: Buchhofer u.a.) 5/77 259
Stephan, Rudolf: Der Beitrag der Musikwissenschaft zur Curriculumentwicklung 6/70 256
Takeda, Akimicki: Musikleben und Musikerziehung in Japan 10/73 504
Thiele, Joachim: Zum Beitrag „Der Kommunikationsfetisch in der Musikpädagogik“ 9/76 456
Timmermann, Johannes: Was erwarten die Fachdidaktiker von der zukünftigen Musikdidaktik? 5/75 252
– Aufgabenbereiche der Fachdidaktik 6/75 313
Tischbein, Karl-Horst: Stress in der Schule. Überlegungen zu einem angemessenen Musikunterricht 7-8/76 377
Tschakert, Irmgard: Musikunterricht ohne Gefühl – zur Affektwirkung von Musik 5/74 296
Velten, Klaus: Möglichkeiten und Grenzen der didaktischen Auswertung einer informationstheoretischen Ästhetik 9/76 460
Vogelsänger, Siegfried: Die Bestimmung des „Elementaren“ der Musik – Ausgangsproblem aller Musikdidaktik 1/70 14
Waldburg-Zeil, Alois Graf von: Musik in einer humanen Schule aus Elternsicht 4/78 215
Warner, Theodor: Was ist „Forschung in der Musikerziehung“? 3/70 130
Wehrle, Paul: Die zweite Welle (vergl. Marohl, Bertold) 5/73 264
Weinitschke, Ludwig Ernst: Kritische Anmerkungen zum Schulbuch für den Musikunterricht 1/71 35
Wietusch, Bernd: Zur Problematik der Erfolgskontrolle im Musikunterricht 6/75 302
– Zur Begründungsproblematik musikdidaktischer Lernziele 10/76 500
Wittich, Werner: Sokratische Musikerziehung 4/70 157
Wölki, Konrad: Die eigene Art des Liebhabermusizierens 4/69 184
Wucher, Dieter: Musikerziehung in der Sowjetunion 1/70 27
Zilius, Wilhelm: Musikerziehung – gerade heute 3/69 127
Zimmerschied, Dieter: Musikalische Breitenbildung und Begabtenförderung – Gegensatz oder Ergänzung? 3/76 133
– Der Musikunterricht im Fächerkanon der Schule 7-8/76 361
– Die Landeselternbeiräte äußern sich zum Schulfach Musik 7-8/76 384
– Blick zurück im Zorn? 10/70 428
– Musikpädagogische Tendenzen im Spiegelbild der Bundesschulmusikwochen und Bundestagungen 4/78 263

II,2 Musikwissenschaft

II, 2,1 Musikwissenschaft, historisch und biographisch

Bachmann, Claus-Henning: Mahlers Musik – Schauplatz großer Zeitkonflikte. Internationales Symposium in Graz 11/73 629
Blaukopf, Kurt: Hindernisse beim Zeichnen von Mahlers Bild 11/73 588
Bornoff, Jack: „Jesus Christ Superstar“. Gespräch mit dem Komponisten Andrew Lloyd Webber 5/74 285

Borris, Siegfried: Hindemith – heute (1924–1974) 6/74 359
– Schönberg – oder die Schwierigkeit, kein Säulenheiliger zu sein 10/74 543
– Kagel – der unbequeme Nonkonformist 11/77 585
– Hans Werner Henze – Ein esoterischer Lyriker auf Revolutionskurs 2/78 77
– Wie sich die Bilder wandeln ... 100 Jahre Staatliche Hochschule für Musik und Darstellende Kunst Berlin 9/69 390
– Das Gegenspiel von Musik und Tanz im 20. Jahrhundert 12/71 577
– Hindemiths posthum fertiggestelltes Lehrsystem 11/70 484
– Luigi Nono – Zur Problematik engagierter Musik 6/72 289
– Strawinsky – ein Proteus der Neuen Musik 6/71 277
– Über die Zukunft der Oper 11/71 517
– Ein Hymniker der Libertà. Zum Tode Luigi Dallapiccolas 5/75 260
– Das kalkulierte Labyrinth. Betrachtungen zur Musik Ligetis 10/75 481
– Pendereckis Stellung im Synkretismus der 60er Jahre 12/75 609
Briner, Andres: Paul Hindemith und die Idee einer musikalischen Gemeinschaft 12/76 601
Curjel, Hans: Strawinsky und die Maler 4/69 161
Dahlhaus, Carl: Die rätselhafte Popularität Gustav Mahlers 11/73 590
– „Kugelgestalt der Zeit". Zu Bernd Alois Zimmermanns Musikphilosophie 10/78 633
Finscher, Ludwig: Paul Hindemith – Versuch einer Neuorientierung 6/74 350
Fischer, Kurt von: Zu Gustav Mahler Liedern 7-8/77 400
Floros, Constantin: György Ligeti. Prinzipielles über sein Schaffen 7-8/78 484
Gojowy, Detlef: Sowjetische Avantgardisten 12/69 537
– Komponieren im Kollektiv 6/71 302
– Avantgarde in Polen 12/75 609
– Multimedia und graphische Komposition (D. Schönbach) 6/70 273
Gradenwitz, Peter: Arnold Schönberg kehrt in seine Geburtsstadt zurück 10/74 533
Grange, Henry-Louis de la: Mahler Heute 11/73 594
Graves, Barry: Classic goes Pop 4/73 181
Gruhn, Wilfried: Avantgarde – auf der Suche nach einer neuen Form 11/70 481
Haug, Josef L.: Choreographie heute 12/71 586
Heinemann, Rudolf: Das neue Musiktheater zwischen Absurdität und Engagement 11/71 531
Heinsheimer, Hans: George Antheil 2/76 67
Herbort, Heinz Josef: B. A. Zimmermann: „Die Soldaten" 11/71 539
Hoffmann, Dieter: Die Welt des Tänzers 12/71 590
Hübler, Klaus-K.: John Cage – Gedanke und Stil. Versuch einer kritischen Dokumentation 7-8/78 470
Imhoff, Andreas von: Zimmermanns außermusikalische Quellen 10/78 636
Jahnke, Sabine: Zum Tode von Darius Milhaud 9/74 518
– Hector Berlioz – der Traum ins Maßlose 7-8/77 396
– Isang Yun zum 60. Geburtstag 11/77 631
– Carl Orff – der Arche-Mimos 12/70 534
– Carl Orff, Humanist aus dem Geist der Frühe 7-8/75 370
Jaegi, Werner: Musik unserer Zeit – ein Opfer der Technik? 7-8/74 409
Killmayer, Wilhelm: Tönendes Dasein auf schwankendem Boden (zum 100. Geburtstag von Max Reger) 12/73 663
Koegler, Horst: Modernes Ballett – Entstehung und Expansion 12/71 582
Körner, Klaus: Destruktivismus und Konstruktivismus – Gedanken über John Cage 7-8/78 477
Konold, Wulf: B.A. Zimmermann-Aspekte. Anmerkungen zu Persönlichkeit und Werk 10/78 630
Kühn, Clemens: Charles Ives – eine Bestandaufnahme 2/76 61
– Bernd Alois Zimmermann. Ein Abriß 10/78 629
Kühn, Helmut: Mahlers „rätselhafte Popularität" 11/73 592
Kumpf, Hans H.: Jazz und Avantgarde 10/77 521
Laade, Wolfgang: Sechs Jahrhunderte spanischer Musik auf Schallplatten 2/71 82
Ligeti, György: Tendenzen der Neuen Musik in den USA 2/76 57
Lück, Rudolf: Gespräch mit Cesar Bresgen 12/73 682
Marbach, Gertrud: Anbruch der Moderne. Versuch über Georges Braque 4/69 167
– „Der Feuervogel" von Igor Strawinsky. Geschichte eines Balletts 6/71 280
Orff, Carl: 20 Jahre Schulwerk am Bayerischen Rundfunk 11/69 489
Pablo, Luis de: Der zeitgenössische Komponist und die Musik der dritten Welt 1/75 1
Reinhardt, Martin: Brecht und das musikalische Theater 11/71 522
Rummenhöller, Peter: Das Klavier als Pionierinstrument der neueren abendländischen Musikgeschichte 6/69 269
Sandner, Wolfgang: Tendenzen der Pop-Musik 4/71 165
Saß, Herbert: Wilhelm Twittenhoff zum Gedächtnis 11/69 511
Schmidt-Joos, Siegfried: Fortschritt ins Abseits? Zur Situation des Free Jazz 4/73 170
Schnebel, Dieter: Musik als Theater – Zum Schaffen Mauricio Kagels 11/71 535
Schönbach, Dieter: Neue Aspekte für das totale Theater 11/71 525
Souster, Tim: Rock, Beat, Pop – Avantgarde 4/72 177
Stephan, Rudolf: Max Reger und die Anfänge der Neuen Musik 12/73 655
– Sieben Thesen anläßlich der Zentenarfeier der Berliner Musikhochschule 9/69 393
Stockhausen, Karlheinz: Texte Band 4, aus einem Gespräch mit Christoph von Blumröder 7-8/78 457
– Mahlers Biographie 11/73 596
– Kriterien der Neuen Musik 1/71 1
Stroh, Wolfgang Martin: Die elektronische Szene 1972 1/74 36
Unverricht, Hubert: Zur Geschichte des Begriffs Programmusik 3/70 109
Völker, Klaus: Brecht und die Musik 11/76 552
Waldmann, Guido: Fritz Jöde 1887–1970 12/70 551
Weinitschke, Ludwig Ernst: Max Regers Chorwerke 12/73 666

Weseler, Günther: Der optische Klang (D. Schönbach) 6/70 278
Wiora, Walter: Über den Anteil der Musik an Zeitstilen der Kultur 2/77 65
– Das Lied in strophischer und überstrophischer Vertonung 3/72 113
– Über das Schlagwort in der heutigen Musikliteratur 6/72 273

II,2,2 Musikwissenschaft, systematisch

Ästhetik

Bachmann, Claus-Henning: Theorie und Praxis improvisierter Musik. Über ein musikalisches Phänomen der Gegenwart 5/73 232
Brix, Lothar: ... Auch du verstehst Musik. Zum Kommunikationsfetisch in der Musikpädagogik 9/76 448
Dahlhaus, Carl: Der Begriff des Kunstwerkes in der neuesten Musik 2/69 68
– Ästhetische Probleme der elektronischen Musik 1/74 31
– Autonomie und Bildungsfunktion der Musik 12/74 653
– „Kugelgestalt der Zeit". Zu Bernd Alois Zimmermanns Musikphilosophie 10/78 633
– Thesen über engagierte Musik 6/72 283
– Abkehr vom Kunstwerk? 10/72 480
– Komposition und Improvisation 5/73 225
Eggebrecht, Hans Heinrich: Über Adornos „Zur Musikpädagogik" 2/71 67
Ehrenforth, Karl Heinrich: Zur Definition des Begriffs „Musikalisches Kunstwerk" 2/73 49
Faltin, Peter: Ästhetische Aspekte musikalischer Kommunikation 9/76 451
Frisius, Rudolf: Musik – Sprache 12/72 575
Funk-Hennigs, Erika: Zimmermann Philosophie der Zeit – dargestellt an Ausschnitten der Oper „Die Soldaten" 10/78 644
Gojowy, Detlev: Sowjetische Musikästhetik der Gegenwart 9/70 370
Gruber, Gernot: „Schönberg für Antischönbergianer" – Zur ästhetischen Situation der Jahre um 1910 10/74 537
Gruhn, Wilfried: Zum Begriff und zur Praxis der Improvisation 5/73 229
Heike, Georg: Musik und Sprache 12/72 575
Hübler, Klaus-K.: John Cage – Gedanke und Stil – Versuch einer kritischen Dokumentation 7-8/78 470
Karbusický, Vladimir: Elektronische Musik und Hörer 5/69 215
Karkoschka, Erhard: Das musikalische Kunstwerk in unserem Jahrhundert 2/71 61
Killmayer, Wilhelm: Sprache als Musik 12/75 567
Klausmeier, Friedrich: Vorurteile in den Einstellungen zur Musik 2/72 69
Kneif, Tibor: Bedeutung, Struktur, Gegenfigur. Zur Theorie des musikalischen Meinens 11/72 501
– Ideen zu einer dualistischen Musikästhetik 9/70 357
– Die Eigenart des Trivialen in der Rockmusik 6/76 312
– Die unverstandene Musik 6/69 265
Komma, Karl Michael: Kriterien des musikalischen Kitsches 6/76 307
– Vom Ursprung und Wesen des Trivialen im Werk Gustav Mahlers 11/73 573
Meyer-Eppler, Werner: Informationstheoretische Probleme der musikalischen Kommunikation 10/72 458
Motte-Haber, Helga de la: Die Schwierigkeit, Trivialität in der Musik zu bestimmen 6/76 301
– Verwechslung – Verschiebung. Anmerkung zu Lothar Brix, „... Auch du verstehst Musik" 9/76 454
Müller, Karl-Josef: Neue Klangästhetik – Chance für die Schule 9/70 374
Reinecke, Hans-Peter: Verbale und nonverbale Kommunikation 9/76 442
Schmidt(-Brunner), Wolfgang: Der Stellenwert des musikalischen Kunstwerkes im Unterricht: Entwicklung eines didaktischen Konzeptes 2/73 53
Stockhausen, Karlheinz: Texte Band 4. Aus einem Gespräch mit Christoph von Blumröder 7-8/78 457
Schönberg, Arnold: Das Verhältnis zum Text 12/72 557
Thiele, Joachim: Informationen über neuere Richtungen der Ästhetik 11/72 508
– Zum Beitrag „Der Kommunikationsfetisch in der Musikpädagogik" 9/76 456
Velten, Klaus: Möglichkeiten und Grenzen der didaktischen Auswertung einer informationstheoretisch orientierten Ästhetik 9/76 460

Akustik (Elektronik)

Hickmann, A. T.: Elektronische Apparatur für die Musikforschung 10/72 469
Kaegi, Werner: Musik unserer Zeit – ein Opfer der Technik? 7-8/74 409
Karkoschka, Erhard: Ein Synthesizer im Unterricht 7-8/74 444
Reinecke, Hans-Peter: Die musikalische Akustik und das Begründungsproblem der Musik 10/72 453
Schafer, R. Murray: Lärmflut – eine Montage 7-8/71 333
Sirker, Udo: Die Meßbarkeit von Tonhöhe, Lautstärke, Dauer, Klangfarbe 5/76 270
Stockhausen, Karlheinz: Die Zukunft der elektroakustischen Apparaturen in der Musik 7-8/74 412
Taylor, C. A.: Musik im Physikunterricht 10/72 466
Zeller, Hans Rudolf: Zwischen Elektronischer und Instrumentaler Musik 1/74 44

Ethnologie

Azevedo, Luis Heitor Correâ de: Zeitgenössische Musik und musikalische Traditionen 4/76 186
Borris, Siegfried: Geist und Geschichte der japanischen Musik 10/71 476
Daniélou, Alain: Die Psychologie der Improvisation in der Musik Nordindiens 4/76 189
– Kultureller Völkermord 10/70 417
– Magie und Pop-Musik 4/71 183
– Die Stellung der außereuropäischen Musik in der Weltkultur 10/71 461
– Musikunterricht in Asien und Afrika 10/73 521

Günther, Robert: Ausbildung und Berufschancen des Musikethnologen 2/77 84
Husmann, Heinrich: Außereuropäische Musik und ihre Bedeutung für die Erkenntnis der europäischen Musik 10/71 465
Junius, Manfred: Raga und Tala 10/71 470
Laade, Wolfgang: Musik in Afrika 10/71 482
— Notizen zum Problem der afrikanischen Schulmusik 10/73 523
— Benjamin Brittens Mysterienspiel „Curlew River" und die japanischen Vorbilder 12/69 562
el-Mahdi, Salah: Über arabische Musik 10/73 512
Nettl, Bruno: Musikethnologie heute 4/76 181
Oesch, Hans: Isorhythmische Strukturen im Orient und Abendland 10/73 519
Sandner, Wolfgang: Ragtime. Zur Geschichte einer nationalen amerikanischen Musik 6/76 314
Schiffer, Brigitte: Debussy und Raga — Grieg und Tala 10/71 492
Suppan, Wolfgang: Musikalisches Verhalten und Musikpädagogik in hochindustrialisierten Ländern 4/76 183
— Dokumentationsprobleme in der europäischen Musikethnologie 3/70 119
Takeda, Akimichi: Musikleben und Musikerziehung in Japan 10/73 504
Terzakis, Dimitri: Byzantinische Musik 10/71 467
Touma, Habib Hassan: Das Maqamphänomen und sein Gefühlsgehalt 10/73 506
— Schallplattenreihen mit außereuropäischer Musik 5/77 276
Vatsyayan, Kapila: Kathākali — Tanztheater Indiens 12/71 600
Wiora, Walter: Vergleichende Musikforschung und Musikethnologie 4/76 177

Musiktheorie

Borris, Siegfried: Hindemiths posthum fertiggestelltes Lehrsystem 11/70 484
Braun, Peter: Der Computer als Lektor 10/73 70
Dahlhaus, Carl: Zur Kritik der Harmonielehre 9/69 375
Forchert, Arno: Die Grenzen der musikalischen Analyse 4/78 221
Karkoschka, Erhard: Harmonielehre — Kolloquium in Darmstadt 1969 9/69 369 –389
Jaecker, Friedrich: Systematik oder Phänomenologie? Überlegungen zu den Grundlagen des Faches Musiktheorie 3/77 139
Mundigle, Josef Otto: Elektronische Musik, serielles Denken und Mengenlehre 12/77 672
Tänzer, Peter: Der Computer als Lektor 10/72 461
— Musik und Kybernetik 7-8/74 418
Zeller, Hans Rudolf: Zwischen elektronischer und instrumentaler Musik 1/74 44

Soziologie

Abel-Struth, Sigrid: Musikalische Sozialisation. Musikpädagogische Aspekte 9/74 487
Baacke, Dieter: Beat und die Erfahrung im Medium der Kunst 10/69 430
Blaukopf, Kurt: Soziologische Aspekte der Curriculumentwicklung 5/70 205
— Der Gegenstand musiksoziologischer Forschung 2/72 67
— Neue musikalische Verhaltensweisen der Jugend 12/72 594
— Hindernisse beim Zeichnen von Mahlers Bild 11/73 588
— Jugend und kultureller Wandel 1/77 1
— Jugend und musikalische Innovation 12/76 604
Bontinck, Irmgard: Kritik der etablierten Kultur 1/77 9
— Die Stellung der Musik im Freizeitbereich der jungen Generation 11/78 711
Borris, Siegfried: Vier Aspekte zum Musical 4/71 171
— Lust am Sound und Recht auf Stille 7-8/71 336
— Über die Zukunft der Oper 11/71 517
— Pop-Gegenwelt im Upperground 4/73 164
— Komponist und Mitwelt. Der Komponist als Seismograph wider Willen 11/78 701
Briner, Andres: Hindemith und Adornos Kritik des Musikanten 6/74 353
— Paul Hindemith und die Idee einer musikalischen Gemeinschaft 12/76 601
Burde, Wolfgang: Was ist eine musiksoziologische Tatsache? 2/72 57
Dahlhaus, Carl: Das Dilemma der Musiksoziologie 11/78 693
— Das musikalische Kunstwerk als Gegenstand der Soziologie 11/78 694
Feurich, Hans-Jürgen: Grundzüge einer musikalischen Warenkunde 5/74 299
Gaisbauer, Dieter: Musikalische Selbsttätigkeit der Jugend im Kraftfeld der technischen Medien 6/72 301
Grigorovici, Lucian: Sozialistische Politmusik — soziologisch gesehen 9/70 367
Hahn, Werner/Rauhe, Hermann: Zum didaktischen Problem kollektiver Identifikation mit kulturindustriellen Leitbildern, aufgezeigt an konkreten Unterrichtsbeispielen 11/74 601
Hartwich (Wiechell), Dörte: Jugend und Popmusik 10/70 427
— Noch einmal: Jugend und Pop-Musik 4/72 180
Heinemann, Rudolf: Musikalische Fremd- und Subkulturen — Opfer westlicher Überlegenheitskomplexe? 10/73 588
— Der Hörer zwischen Musikwissenschaft, Soziologie und Kulturkritik 3/70 105
Helms, Siegmund: Umfrage nach musikalischen Verhaltensweisen 10/69 453
Hoffer, Charles R.: Jugend, Musikerziehung und die neue Schallumwelt 4/75 161
Jahnke, Sabine: Musik — verwaltet und verwerkt 4/73 164
Jenne, Michael: Soziologische Thesen zum Musikunterricht in der Schule 5/70 217
Jost, Ekkehard: Einige soziologische Aspekte der Jazzszene in den USA 10/77 535
Karkoschka, Erhard: Neue Musik und ihr Publikum — gestern, heute und morgen 7-8/69 317

Kesting, Jürgen: Salon – Thesen zu einem gesellschaftlichen Ort der Musik im 19. Jahrhundert 7-8/77 377
Klausmeier, Friedrich: Vorurteile in den Einstellungen zur Musik 2/72 69
– 12 musiksoziologische Thesen 11/78 706
– Sozio-musikalisches Verhalten von Jugendlichen – sein Bezug zu schulischer und außerschulischer Musikerziehung 1/77 16
Kolleritsch, Otto: Musik zwischen Engagement und Kunst 11/76 549
Kraus, Egon: Die Bedeutung des Hörens im optischen Zeitalter 4/69 176
– Beat ist mehr als ein musikalisches Phänomen 10/69 443
Lewinski, Wolf-Eberhard von: Musik als Lärm 7-8/71 339
Mark, Desmond: Die Stellung des jungen Menschen in der Schallumwelt von heute 1/77 5
– Plädoyer für eine akustische Ökologie 4/75 164
Meyer-Denkmann, Gertrud: Pop und Avantgarde 11/74 606
Motte-Haber, Helga de la: „Erkennen Sie die Melodie?" Gedanken zur gewaltsamen Zerstörung von Kunstwerken 4/73 178
Nathan, Ernst: Musiksoziologie – wozu und wie? 12/70 536
Pape, Winfried: Untersuchung zur Popmusik 4/71 185
– Befragung zum Musikinteresse 13–15jähriger Schüler 4/73 194
– Der Musikunterricht in der Sicht der Schüler 5/73 256
Quinke, Ralph: Die Berliner Free Music Production. Musikalische und gesellschaftliche Emanzipation 10/77 556
Rauhe, Hermann: Aspekte einer Umweltverschmutzung durch Musik 1/77 12
Reinecke, Hans-Peter: Massenmedien und Musikkultur 6/72 298
– Das Musikpublikum und seine Motivationen 3/74 182
– Musik in Arbeitswelt und Freizeit, Zehn Thesen (+ Diskussionsbericht von Richard Jakoby) 11/74 589
Reckziegel, Walter: Musikunterricht – erwünscht oder unerwünscht? Eine Untersuchung zur Einstellung der Eltern zum Musikunterricht 5/77 272
Schmidt, Hans-Christian: Musikalischer „Umweltschutz"? 4/72 168
Schmidt-Joos, Siegfried: Rock in der Kasse 4/72 165
– Unterhaltung ist Kultur – Kultur ist Unterhaltung 12/77 657
– Koexistenz oder Integration 4/71 171
– Zum Verhältnis von Kunst und Gesellschaft 3/73 147
Scholl, Roland: Musizieren in Wohnräumen. Zur Rechtslage 7-8/71 341
Silbermann, Alphons: Theoretische Stützpunkte der Musiksoziologie 2/72 61
– Die Musik und das Publikum von morgen 2/75 73
– Beat oder Beethoven? Befragung zum Musikunterricht 3/76 146
Sowa, Georg: Musik in der Schule und die Bildung von Sozialitätstypen 2/72 75
Stockhausen, Karlheinz: Weltmusik 1/74 1
Storb, Ilse: Beat – soziologisch gesehen 4/72 189
Stuckenschmidt, H.-H.: Die Musik, der Mensch und die Menschen 12/73 649
– Wandlungen des Publikums? 10/69 429
Wiechell (Hartwich), Dörte: Teilaspekte des musikbezogenen Konsumverhaltens Jugendlicher und seine Parallelen im politischen Verhaltensbereich 11/76 567

II,3 Inhalte des Musikunterrichts

II,3,1 Lied und Singen

Antholz, Heinz: Politische Lieder – in der Schule? 11/76 562
– Das Ende vom Lied? Zur musikpädagogischen Situation im Spiegel lieddidaktischer Diskussion 9/73 439
Benker, Heinz: Bevorzugte Lieder (Eine Untersuchung an bayerischen Schulen) 9/73 473
Binkowski, Bernhard: Volkslied, Mißverständnisse und Chancen 9/73 454
Holderbach, Ekkehard: Überlegungen zum Lied im Unterricht 3/72 131
Klusen, Ernst: Lied und Liedersingen in der Schule von heute 9/73 446
Lisken, Gerd: Nach-Noten-Singen oder Liedanalyse? 1/71 32
Meyer, Heinz: Zum Bildungsinhalt des Faches Musik. Volkslied zwischen Schlager- und Kunstmusik 5/69 224
Noll, Günther: Zum Problem der Folklore im Musikunterricht 9/73 457
Reinhardt, Klaus: Eine Ballade von Wolf Biermann 4/72 200
Rieger, Eva: Das Arbeiterlied im Musikunterricht 11/76 577
– Fröhlich singen – vorwärtsschauen: Das Lied im Musikunterricht der DDR 9/73 469
Schnebel, Dieter: Sprech- und Gesangsschule 12/72 559
Schönberg, Arnold: Das Verhältnis zum Text 12/72 557
Stockhausen, Karlheinz: Du bist, was Du singst – Du wirst, was Du hörst 9/73 468
Thomas, Claus: Wege zu erklingender Sprache. Zu den „Stücken für Sprechchor" von Carl Orff 11/69 497
Vogelsänger, Siegfried: Zur Neubestimmung des Stellenwertes von Volkslied und Singen im Musikunterricht 9/73 450
Vrchotova-Pátová, Jarmila: Prinzipien der Stimmbildung 6/69 285
Wehrle, Paul: Deutsches Volkslied und ausländische Folklore als Gegenstände des Musikunterrichts 9/73 466
Weyer, Reinhold: Um den Stellenwert von Volkslied und Singen im Musikunterricht 2/74 127
– Das Volkslied als Gegenstand des Musikunterrichts – Aspekte einer didaktischen Neubestimmung 9/73 433
– Möglichkeiten menschlicher Stimmäußerung – von außereuropäischer Musik zur Vokalkonzeption der Avantgarde 10/73 528
Wiora, Walter: Das Lied in strophischer und überstrophischer Vertonung 3/72 113

II,3,2 Improvisation

Dahlhaus, Carl: Komposition und Improvisation 5/73 225
Eberle, Gottfried: Kinder und Klänge in der Akademie der Künste Berlin 7-8/72 382

Eckert, Alex: „Galgenlieder" – Ein Multimediaspiel für Kinder	5/72	245
Friedemann, Lilly: Musikalische Bewußtseinsbildung ohne Noten	11/69	500
Gruhn, Wilfried: Zum Begriff und zur Praxis der Improvisation	5/73	242
Hansberger, Joachim: Mauricio Kagel regt zur Erfindung von Kinderinstrumenten an – Kölner Kurse für Neue Musik 1971	7-8/72	378
Hengesch, Georges: Gruppenimprovisation	5/73	247
Keetman, Gunild: Elementare Bewegungsimprovisation	1/71	26
Keller, Wilhelm: Das Orff-Schulwerk als musikalische Lebenshilfe	9/72	418
Lehr, Wilhelm: Schöpferisches Spiel mit Klängen in der Sekundarstufe I – Verwendung von herkömmlichen und elektronischen Klangerzeugern	9/74	506
Lipskoch, Bärbel: Rhythmisch – melodische Arbeit an einem pentatonischen Kanon	2/69	77
Meyer, Heinz: Bartóks „Mikrokosmos" nur ein Klavierwerk	4/70	176
Peters, Manfred: Dieter Schnebels „Blasmusik" aus „Schulmusik"	10/76	513
Schnebel, Dieter: Sprech- und Gesangsschule	12/72	559
Thomas, Werner: Experimentelles Musiktheater	4/70	171
Wittich, Werner: Zur Didaktik der freien Improvisation	5/73	242

II,3,3 Instrumentalspiel

Karkoschka, Erhard: Ein Synthesizer im Musikunterricht	7-8/74	444
Keller, Wilhelm: Orff-Schulwerk und Progressive Musikerziehung	11/69	485
Koch, Peter: Schulorchester als Grundkurs	12/73	690
Lehr, Wilhelm: Schöpferisches Spiel mit Klängen in der Sekundarstufe I – Verwendung von herkömmlichen Instrumenten und elektronischen Klangerzeugern	9/74	506
Lisken, Gerd: Hinführung zu mittelalterlicher und neuer Musik mit Hilfe des Orff-Instrumentariums	1/69	22
Poš, Vladimir: Das Orff-Schulwerk in der CSSR	11/69	492
Rebscher, Georg: Zur Integrierung des Instrumentenspiels in der Schule	11/69	502

II,3,4 Hörerziehung

Breckhoff, Werner: Musikhören in der Grundschule	5/70	219
Clasen, Siegfried: Unterrichtsbeispiel zum Thema Auditive Wahrnehmungserziehung	1/73	9
Finkel, Klaus/Wünnenberg, Ulrike: Reflexion – Improvisation – Notation. Ein Weg zur musikalischen Struktur	10/76	505
Günther, Ullrich: Musikhören – das musikpädagogische Hauptproblem der Gegenwart?	4/70	162
Hartwich (Wiechell), Dörte: Erziehung zum Hören	6/71	293
Heinemann, Rudolf: Der Hörer zwischen Musikwissenschaft, Soziologie und Kulturkritik	3/70	105
Hindemith, Paul: Hören und Verstehen ungewohnter Musik	9/75	417
Hoffmann, Volker: Hörerziehung oder auditive Wahrnehmungserziehung?	6/75	365
Karkoschka, Erhard: Eine Hörpartitur elektronischer Musik	5/72	221
Kleinen, Günter: Zur Entwicklung des harmonischen Hörens beim Kinde	3/70	131
Meyer, Heinz: Musikhören im 5.–6. Schuljahr	10/76	519
– „Aufmerksamkeit" als Lernziel der Hörerziehung	5/72	227
Pütz, Werner: Zur Hörerziehung in der musikalischen Berufsausbildung	5/72	232
Regner, Hermann: Materialien zur Hörerziehung	5/70	217
Reinecke, Hans-Peter: Der Vorrang musikalischer Hörhilfen vor der musikalischen Grammatik	2/69	61
Schmidt, Hans-Christian: Erziehung zum Musikhören – Fernsehen	1/76	24
Weyer, Reinhold: Musikhören – Musiksehen. Ein neues Lerngerät für den Musikunterricht	4/76	201

II,3,5 Musiklehre – Musiktheorie

Ehrenforth, Karl Heinrich: Vom Wert der musikalischen Analyse für den Laien	4/78	222
Finkel, Klaus/Wünnenberg, Ulrike: Reflexion – Improvisation – Notation. Ein Weg zur musikalischen Struktur	10/76	505
Fischer, Wilfried: Traditionelle Notation im Musikunterricht der Primarstufe	1/76	9
Forchert, Arno: Die Grenzen der musikalischen Analyse	4/78	221
Giebeler, Konrad: Musikkunde – Unterricht ohne Noten?	12/69	545
Große-Schwarze, Hermann: Grundbegriffe musikalischer Vorstellungen	7-8/71	363
Gruhn, Wilfried: Geschriebene Musik und Klang. Unterrichtssequenz in der Sekundarstufe I – Ein Bericht	10/78	657
Günther, Ulrich: Unterrichtsversuch zum Thema „Musikalische Steigerung"	5/70	222
– Das Thema „Schall" im Musikunterricht	1/72	25
Heimann, Walter: Formen der Analyse sinfonischer Musik im Unterricht der Orientierungsstufe: Hans Werner Henzes Erste Sinfonie	2/78	105
Henneberg, Gudrun: Hören und Verstehen. Erfahrungen mit dem Musikbuch „Sequenzen Musik Sekundarstufe I" in einer Quarta	12/73	685
Karkoschka, Erhard: Ein Synthesizer im Musikunterricht	7-8/74	444
Keil, Siegmar: Einführung in die Fugentechnik	6/69	279

Koch, Peter: Musik hören – Musik sehen. Das Schriftbild als Schlüssel zum Musikverstehen – Grundkurs Musik	10/73	549
Kraemer, Uwe: Hindemiths 2. Klaviersonate, 1. Satz	2/69	74
Kreft, Ekkehard: Der Tritonus als Strukturintervall in bestimmten musikprogrammatischen Zusammenhängen	7-8/73	385
Kühlenthal, Michael: Musikalische Graphik im Unterricht	1/76	20
Lorenz, Karl: Elemente – Strukturen – Gestalten. Versuch einer neuen Musiklehre	4/71	193
Mackensen, Johannes: Kursmodell „Arrangement-Bearbeitung-Original" (Themenbereich „Strukturen – Formen – Stile")	11/75	578
Mayer-Rosa, Eugen: Einführung in die elementare Formenlehre	3/71	140
Oldemeyer, Klaus: Erziehung zu Formgefühl	6/75	281
Seibold, Wolfgang: Bei der Arbeit beobachtet – Mit Schülern bei einer Orchesterprobe	3/69	120
Vogelsänger, Siegfried: Das Erlernen der Notenschrift – eine pädagogisch fragwürdige Aufgabenstellung	4/69	181
– Konsequenzen für den Musikunterricht aus einer Neubestimmung des „Elementaren" der Musik	6/71	289
Walgenbach, Wilhelm: Versuche zur Bildung ästhetischer Redundanzen im Musikunterricht einer Volksschule	12/69	551
Wiechell, Dörte: Der Stellenwert der traditionellen Notation im Musikunterricht der allgemeinbildenden Schule	1/76	15

II,3,6 Didaktische Interpretation

Becker, Peter: Ausdruck und Konstruktion bei A. Webern – Aspekte für den Musikunterricht in der Sekundarstufe II	3/78	174
– Holliger, Heinz: „Psalm". Versuch einer didaktischen Annäherung I. Teil	6/78	419
II. Teil	7-8/78	497
Jahnke, Sabine: Materialien zu einer Unterrichtssequenz: Des Antonius von Padua Fischpredigt bei Orff – Mahler – Berio	11/73	615
Kemmelmeyer, Karl-Jürgen: Olivier Messiaen: „Livre d'orgue" I (SI)	9/75	448
Kreft, Ekkehard: Der Tritonus als Strukturintervall in bestimmten musikprogrammatischen Zusammenhängen	7-8/73	385
Koch, Peter: Schönberg, Berg und Webern für 13–15jährige?	7-8/69	330
Mayer-Rosa, Eugen: Alban Bergs „Altenberg-Lieder" im Unterricht	3/72	123
Reinfandt, Karl-Heinz: Musik als Bekenntnis – Klaus Hubers Oratorium „... inwendig voller figur ..." im Musikunterricht der Sekundarstufe I	9/11	478
– Unterrichtsplanung im Fach Musik am Beispiel „Der Zauberlehrling" von Paul Dukas	7-8/73	389
Reinhardt, Klaus: Igor Strawinskys Konzertsuite nach der „Geschichte vom Soldaten"	11/71	548
Richter, Christoph: Unterrichtsbeispiel: Zum Verhältnis von Musik und Sprache	2/77	88
– Interpretation zu „Lux aeterna" von György Ligeti	5/72	237
– Unterrichtsmodell zum Thema „Musik als Spiel"	3/73	132
Sannemüller, Gerd: „Ma Mère l'Oye" von Maurice Ravel – fünf Stücke für Kinder	3/74	174
Schuler, Manfred: György Ligeti: „Volumina". Ein Unterrichtsbeispiel für die Sekundarstufe II	10/75	520
Sowa, Georg: Bildungswerte des Vergleichs	7-8/70	325
Tiedemann, Hans-Joachim: Die musikalische Werkbeschreibung	7-8/69	338
Venus, Dankmar: Zum Problem der Schlußbildung im Liedwerk von Schönberg, Berg und Webern	3/72	117
Vogelsänger, Siegfried: Paul Hindemiths „Kleine Kammermusik" op. 24 in einem 4. Schuljahr	5/72	242
Weyer, Reinhold: Ansätze zur unterrichtlichen Behandlung der 1. Sinfonie von Gustav Mahler	11/73	622

II,3,7 Neue Musik

Bastian, Hans Günther: Avantgarde-Komposition und die Frage der Umsetzung in der Musikpädagogik, dargestellt am Beispiel von H. U. Engelmanns „mini-music to siegfried palm" op. 38 – Ein Interview mit dem Komponisten	7-8/78	463
Becker, Peter/Holliger, Heinz: „Psalm". Versuch einer didaktischen Annäherung 1. Teil	6/78	419
2. Teil	7-8/78	497
– Ausdruck und Konstruktion bei Webern Aspekte für den Musikunterricht in der Sekundarstufe II	3/78	174
Borris, Siegfried: Wege zur neuen Musik. Eine Einführung in die Schallplattenwerke „Werkauswahl für junge Hörer"	1/71	30
Bozzetti, Elmar: Reihenvariationen über ein Tongemisch („Studie II" von Stockhausen)	1/73	17
Brix, Lothar: Moderne Musik in der Schule. Ein Unterrichtsbeispiel (Stockhausen, Ligeti)	9/74	501
Clasen, Siegfried: Mauricio Kagel und seine Bedeutung für ein sich wandelndes Berufsbild des Schulmusikers	11/77	616
Dahlhaus, Carl: Ästhetische Probleme der elektronischen Musik	1/74	31
Eckart-Bäcker, Ursula: Pierre Boulez: „Le Marteau sans Maître"	9/74	499
Fuhrmann, Roderich: Karlheinz Stockhausen: „Telemusik"	1/74	24
Fürst-Heidtmann, Monika: John Cages Werke für „präpariertes Klavier" – ein Beitrag zur Emanzipation der Klangfarbe	2/76	69
Gojowy, Detlef: Multimedia und graphische Komposition (Dieter Schönbach)	6/70	273
Gruhn, Wilfried: Avantgarde – auf der Suche nach einer neuen Form	11/70	481

– Schönberg und die Tradition. Material für Unterrichtssequenzen 10/74 556
– Didaktische Reflexionen zu Luigi Nonos „La fabbrica illuminata" 5/77 285
– Elektronische Musik im Unterricht 1/70 6
Günther, Ulrich: „Mikrophonie I" von Karlheinz Stockhausen im Musikunterricht 2/72 84
Heindrichs, Heinz-Albert: Die Musik der Gegenwart als neues Studienfeld 10/70 422
Karbusický, Vladimir: Elektronische Musik und Hörer 5/69 215
Klüppelholz, Werner: Henzes „El Cimarrón" – Eine didaktische Analyse für die Sekundarstufe II 2/78 95
Lehr, Wilhelm: Elektronische Musik im Unterricht der Sekundarstufe II 6/73 319
Leister, Hans: Bergs „Wozzeck" im Musikunterricht der Studienstufe 1/70 10
Ligeti, György: Tendenzen der Neuen Musik in den USA 2/76 57
Mayer-Rosa, Eugen: Alban Bergs „Altenberg-Lieder" im Unterricht 3/72 123
Müller, Karl-Josef: Traditionelles bei Penderecki 5/72 234
– Neue Klangästhetik – Chance für die Schule 9/70 374
Pütz, Werner: Musik der Avantgarde in der Volksschule 4/70 165
– Neue Musik in kategorialen und exemplarischen Unterrichtssequenzen 9/70 377
– Tendenzen in der Musik der Gegenwart und ihre Bedeutung für den Musikunterricht 5/71 235
– Neue Vokalmusik im Unterricht. Überlegungen zu einem didaktischen Konzept 1. Teil 3/77 141
2. Teil 4/77 217
Richter, Christoph: Interpretation zu „Lux aeterna" von György Ligeti 5/72 237
Rogge, Wolfgang: Die „Jeux Vénitiens" von Witold Lutosławski im Schulfunk 1/73 24
Stahmer, Klaus: Das Schlagzeug in der Musikpädagogik (ein Gespräch mit Siegfried Fink) 7-8/73 378
Stockhausen, Karlheinz: Kriterien der Neuen Musik 1/71 1
Theodor, Barabara: Musik – audiovisuell 6/70 280
Trotter, Robert M.: Das „Projekt Zeitgenössische Musik" in amerikanischen Schulen 6/70 285
Weseler, Günther: Der optische Klang 6/70 278

II,3,8 Außereuropäische Musik

Bose, Fritz: Musikethnologie in der Schule? 10/73 525
Gerson-Kiwi, Edith: Der orientalische Musiker 1/75 5
Heinemann, Rudolf: Musik der Dritten Welt auf dem Plattenmarkt 4/75 168
– Außereuropäische Musik im Unterricht? 10/70 419
Helms, Siegmund: Stilmerkmale japanischer Musik (SII) 1/75 14
– Musikpädagogik und außereuropäische Musik 4/76 192
Kwabena Nketia, J. H.: Musikerziehung in Afrika und im Westen 1/75 7
Noll, Günther: Folklore mit Combo? Anmerkungen zu neuen Interpretationsversuchen 4/76 195
Pablo, Luis de: Der zeitgenössische Komponist und die Musik der dritten Welt 1/75 1
Suttner, Kurt: Musik aus Madagaskar (SII) 1/75 19
Touma, Habib Hassan: Schallplattenreihen mit außereuropäischer Musik 5/77 276
Weyer, Reinhold: Außereuropäische Musik im Musikunterricht der Primarstufe 1/75 22
– Möglichkeiten menschlicher Stimmäußerung – von außereuropäischer Musik zur Vokalkonzeption der Avantgarde 10/73 528

II,3,9 Popularmusik

Borris, Siegfried: Vier Aspekte zum Musical 4/71 171
Feurich, Hans-Jürgen: James Lasts Bearbeitung des 2. Satzes von Beethovens „Pathétique" (op. 13) 4/73 184
Grössel, Heinrich: Die Beat-Musik. Versuch einer Analyse 10/69 438
Hahn, Werner/Rauhe, Hermann: Zum didaktischen Problem kollektiver Identifikation mit kulturindustriellen Leitbildern, aufgezeigt an konkreten Unterrichtsbeispielen 11/74 601
– Gesichtspunkte für die Entwicklung von Unterrichtssequenzen aus dem Bereich der Popmusik 5/74 289
Hahn, Werner: Deutschsprachige Popmusik im Unterricht der Sekundarstufe (Udo Lindenberg) 11/74 628
Henneberg, Gudrun: Popmusik und Schule 11/74 618
Kemper, Martin: Musik der Subkultur: „Für wen ist diese Musik?" 11/74 614
Kneif, Tibor: Die Eigenart des Trivialen in der Rockmusik 6/76 312
Kraus, Egon: Der Beat ist mehr als ein musikalisches Phänomen 10/69 443
Kumpf, Hans H.: Jazz und Pädagogik 10/77 544
Leeb, Helmut: Werkanalyse oder Gemütsbewegung. Überlegungen zur Popmusik im Unterricht 5/74 293
Mayer-Rosa, Eugen: „Play Bach" und „Switched-on Bach" im Unterricht 4/73 190
Meyer-Denkmann, Gertrud: Pop und Avantgarde 11/74 606
Pape, Winfried: Popmusik im Unterricht 12/71 616
Pfaff, Herbert: Pop, Jazz und E-Musik. Absichten, Aussagen und Bezüge 5/74 311
Prinz, Ullrich: „Jesus Christ Superstar" – eine Passion in Rock 4/72 194
Rauhe, Hermann: Ansätze zu einer Didaktik und Methodik des Beat 10/69 445
Rebscher, Georg: Oper, Oratorium und Messe in der Popmusik 4/71 201
Reinhardt, Klaus: Eine Ballade von Wolf Biermann 4/72 200
Sandner, Wolfgang: Ragtime. Zur Geschichte einer nationalen amerikanischen Musik 6/76 314
– Tendenzen der Pop-Musik 4/71 165
Schmidt-Joos, Siegfried: Rock in der Kasse 4/72 165
Seibold, Wolfgang: Beat und Kunstmusik 4/72 172
Souster, Tim: Rock, Beat, Pop – Avantgarde 4/72 177
Storb, Ilse: Beat im Musikunterricht der Hauptschule 12/70 543

– Beat – soziologisch gesehen 4/72 189
– Beat: „Penny Lane“ – Modell einer Analyse 4/71 189
– Informationen zur Pop-Musik 10/69 434
Viera, Joe: Improvisation und Jazz 5/73 249
Wehrle, Paul: Pop-Musik, Beat und Musical in der Schule 7-8/71 362
Werner-Jensen, Arnold: Auf der Suche nach einer Jazz-Didaktik 10/77 540
Werner-Jensen, Arnold: Malerischer und musikalischer Impressionismus (Monet und Debussy) 7-8/77 402
– Fachübergreifender Musikunterricht – Didaktische Überlegungen und konkrete Modellvorschläge 12/78 762
– Opernbesuch für Hauptschüler 12/76 615
Zimmerschied, Dieter: Musikpädagogik und Musiktheater 12/76 607

II,3,10 Musikübergreifende Themen

Antholz, Heinz: Politische Lieder – in der Schule? 11/76 562
Block, Gisela/Pütz, Werner: Die Collage als ästhetische Gestaltung der Realität 12/74 680
Eicke, Kurt-Erich: Musik und Sprache (Rezitativ) 2/71 78
Flechsig, Hartmut: Werkbetrachtung und Stilvergleich im fächerübergreifenden Unterricht 12/78 766
Frisius, Rudolf: Musik – Sprache 12/72 575
– Musik und Musikpädagogik – fachimmanent und fächerübergreifend 12/78 757
Günther, Ulrich: Musik und Bewegung (Neue Verbindungen zwischen Musik und Sport) 1/71 16
Fuchs, Peter: Musik und Sprache, Erfahrungen in der Grundschule 12/72 585
Haselbach, Barbara: Über die Beziehung von Musik und Bewegung 1/71 22
Heike, Georg: Musik und Sprache 12/72 573
Heimann, Walter: Autonomie und soziale Bindung. Musikgeschichte als Problem im Unterricht, dargestellt am Beispiel der Variationen op. 27, I von Anton Webern, Unterrichtsbeispiel für S II 3/78 165
Killmayer, Wilhelm: Sprache als Musik 12/72 567
Klüppelholz, Werner: Musik als Hörspiel. Zur musikpädagogischen Nutzung einiger Kompositionen von Kagel, Kühn, Schnebel und anderen 6/77 343
Müller, Karl-Josef: Erleben und Messen. Zu Bernd Alois Zimmermanns Anschauung der Zeit in seinen letzten Werken 10/77 550
Rauhe, Hermann: Zur Trivialitätsproblematik im Musikunterricht der Sekundarstufe II 6/76 320
Richter, Christoph: Unterrichtsmodell zum Thema „Musik als Spiel“ 3/73 132
– Unterrichtsbeispiel: Zum Verhältnis von Musik und Sprache 2/77 88
Schönbach, Dieter: Jugend und Musiktheater der Gegenwart 2/69 72
Schneider, Ernst Klaus: Politisches Programm und ästhetischer Anspruch – Beispiel Hanns Eisler (Musik und Politik) 11/76 556
Schmitt, Rainer: Projektorientierter Musikunterricht 12/78 773
– Musik und Freiheit. Ein projektorientiertes Planungsmodell für den Musikunterricht in der Sekundarstufe 12/78 783
Tschache, Helmut: Projektorientierter Unterricht im Schulfach Musik 12/78 777

II,3,11 Musik in Fernsehen, Film, Werbung

Freitag, Werner: Musik und Werbung – Versuche im Fachpraktikum Musik 5/74 308
Frisius, Rudolf/Schwan, Alexander: Unterrichtsprojekt „Radiomacher“ – Schüler als Hörspielmacher: Komponierte Radiomitschnitte Radiostücke über den musikalischen Alltag von Radiohörern 2/78 115
Schmidt, Hans-Christian: Musik im Fernsehen – Musikalische Titel von FS-Serienfilmen 1/77 23
– Erziehung zum Musikhören – Fernsehen 1/76 24
Schmitt, Rainer: Musik in der Werbung, ein Beitrag zu ihrer Didaktik 6/76 327
Weyer, Reinhold: Musikunterricht und Film – Kritische Anmerkungen zu einem vernachlässigten Thema 12/77 681

II,4 Analysen

Bach, Johann Sebastian: Ein Zwölftonfeld um 1723? (Detlef Gojowy) 3/70 117
– Zahlensymbolik in der Musik J. S. Bachs (Siegmund Helms) 3/70 113
Bartók, Béla: „Musik für Saiteninstrumente, Schlagzeug und Celesta“ (Günther Weiß-Aigner) 9/75 440
Beat: Die Beat-Musik, Versuch einer Analyse (Heinrich Grössel) 10/69 438
Berg, Alban: Altenberg-Lieder (Eugen Mayer-Rosa) 3/72 123
Berio, Luciano: „Circles“ (Peter Schnaus) 7-8/78 489
– „Sequenza III“ (Henri Pousseur) 10/69 459
– Probleme der Collage in der Musik (Sinfonia, 3. Satz) (G. Krieger/W. M. Stroh) 5/71 229
Blacher, Boris: „Ornamente für Klavier“ op. 37 (Sabine Jahnke) 11/69 508
Bläserklangstrukturen im XX. Jahrhundert (Siegfried Borris) 7-8/73 357
Boulez, Pierre: Bemerkungen zu P. Boulez' Komposition von René Chars „Klage der verliebten Eidechse“ (Rudolf Stephan) 1/69 27

Brahms, Johannes/Schönberg, Arnold: Das Prinzip der entwickelnden Variation bei J. Brahms und A. Schönberg (Klaus Velten) 10/74 547

Cage, John: John Cages Werke für „präpariertes Klavier" – ein Beitrag zur Emanzipation der Klangfarbe (Monika Fürst-Heidtmann) 2/76 69

Debussy, Claude: „Syrinx" für Soloflöte (Jochen Gärtner) 4/69 173

Hampel, Günter: „Transformation" (Hampel) 10/77 526

Henze, Hans Werner: „Six Absences" Strukturanalyse und Gegenüberstellung zur Jazzfassung von George Gruntz (Ernst Helmuth Flammer) 2/78 88

– „El Cimarrón" – Eine didaktische Analyse für die Sekundarstufe II (Werner Klüppelholz) 2/78 95

– Erste Sinfonie (Walter Heimann) 2/78 105

– „Musen Siziliens" und „Moralitäten" (Siegfried Borris) 6/69 282

Hindemith, Paul: Vergleichende Werkanalyse (Berg op. 5 Nr. 1; Hindemith, Violinsonate 1939) (Siegfried Borris) 3/73 138

– „Alte Töne" und Volksmusik in Kompositionen Paul Hindemiths (Walter Salmen)

– Hindemiths Messe (Clytus Gottwald) 6/74 370

– 2. Klaviersonate (1936) 1. Satz (Uwe Kraemer) 2/69 74

Holliger, Heinz: „Psalm" (Peter Becker) 1. Teil 6/78 419
2. Teil 7-8/78 497

Huber, Klaus: Oratorium „... inwendig voller figur ..." (Karl-Heinz Reinfandt) 9/77 478

Ives, Charles: Charles Ives – eine Bestandaufnahme (Clemens Kühn) 2/76 61

Kagel, Mauricio: Kagels Neues Musiktheater als Reflexion zwischen den Medien (Karl-Heinz Zarius) 11/77 588

– Vokale Vexierbilder in Kagels „Halleluja" (Sabine Jahnke) 11/77 596

– Komposition als Kritik an Konventionen. Tendenzen in neueren Stücken von M. Kagel und ihre Bedeutung für den Musikunterricht (Rudolf Frisius) 11/77 600

– Die instrumentale Inszenierung des Klanges bei Mauricio Kagel (Wilfried Gruhn) 11/77 606

Vom **Klang** des Sonetts (Dieter Huelle) 4/69 170

Klangstrukturen und Formverläufe. Werke von Stockhausen, Berg, Webern, Wagner u.a. (Rudolf Frisius) 1/74 7

Das spielerische Element in der klassisch-romantischen **Klaviersonate** (Hans Hering) 7-8/77 390

Ligeti, György: „Artikulation". Eine Hörpartitur elektronischer Musik (Erhard Karkoschka) 5/72 221

– „Continuum" (Uve Urban) 3/73 63

– Betrachtungen zur Musik Ligetis (Siegfried Borris) 10/75 481

– Tonal oder postseriell (Rudolf Frisius) 10/75 490

– „Lontano" (Hans-Christian v. Dadelsen) 10/75 502

– „Atmosphères" (Sigrun Schneider) 10/75 506

– Textvertonung und Sprachkomposition bei G. Ligeti (Wilfried Gruhn) 10/75 511

– „Volumina" (Manfred Schuler) 10/75 520

Lutosławski, Witold: 2. Sinfonie (Gerd Sannemüller) 9/78 588

Mahler, Gustav: Das komplizierte Einfache. Zum ersten Satz der 9. Sinfonie (Diether de la Motte) 3/78 145

– und **Webern, Anton:** Über das Verhältnis von Ausdruck und Form im Werk Gustav Mahlers und Anton Weberns (Klaus Velten) 3/78 159

– Befragung des Materials (Peter Ruzicka) 11/73 598

– Mahlers holzschnitthafter Liedstil (Siegfried Borris) 11/73 578

– Zum Adagio aus der X. Symphonie (Tyll Rohland) 11/73 605

– Des Antonius von Padua Fischpredigt bei Orff-Mahler-Berio (Sabine Jahnke) 11/73 615

Messekompositionen im 20. Jahrhundert (Pepping, Janáček, Strawinsky, Messiaen, Hindemith, Beaumont, Bernstein) (Sabine Jahnke) 6/74 374

Messiaen, Olivier: Livre d'orgue I (Karl-Jürgen Kemmelmeyer) 9/75 448

Mozart, Wolfgang Amadeus: Klaviersonate KV 330, 2. Satz (Christoph Richter) 2/77 88

Nono, Luigi: „La fabbrica illuminata" (Wilfried Gruhn) 5/77 285

Penderecki, Krzysztoff: „Anaklasis" (Josef Häusler) 7-8/69 342

– Musikdramatischer Exorzismus in Pendereckis Oper „Die Teufel von Loudun" 12/75 615

– Pendereckis Musik im „mobilen Netz trigonometrischer Punkte" (Karl-Josef Müller) 12/75 622

– und **Bach, J. S.:** Pendereckis „Lukas-Passion" (Bach, Matthäus-Passion) (Ernst Stilz) 7-8/70 319

Polytonalität und Atonalität (Georges Franck) 10/74 566

Ravel, Maurice: „Ma Mère l'Oye" – fünf Stücke für Kinder (Gerd Sannemüller) 3/74 174

Reger, Max: Variationen und Fuge über ein Thema von W. A. Mozart für großes Orchester op. 132 (1974) (Karl Heinrich Ehrenforth) 12/73 673

– Sang und Gegensang. Zu Regers Klarinettenquintett opus 146 (Hellmut Kühn) 12/73 670

Schnebel, Dieter „Glossolalie" (Wilfried Gruhn) 12/72 580

Schönberg, Arnold: Schönberg und die Tradition, Material für Unterrichtssequenzen (Wilfried Gruhn) 10/74 556

– Schönbergs Opus 16 Nr. 3 (Peter Förtig) 9/69 396

– und **Berg, Webern:** Zum Problem der Schlußbildung im Liedwerk von Schönberg, Berg und Weber (Dankmar Venus) 3/72 117

Schumann, Robert: Eichendorff/Schumann: „Mondnacht" – ein exemplarischer Fall (Klaus Körner) 7-8/77 381

– Schumanns „Träumerei" – ein Schlüsselwerk zur Akkordlehre (Ekkehard Kreft) 7-8/77 385

– „Kleine Fuge" op. 68, 40 (Siegmar Keil) 6/69 279

Schoof, Manfred: „Ode" (Hans H. Kumpf) 10/77 532

Sowjetische Avantgardisten (Detlef Gojowy) 12/69 537

Stockhausen, Karlheinz: „Telemusik" (Roderich Fuhrmann) 1/74 24

– Materialien zu „Telemusik" (Stockhausen) 1/74 29

– „Zyklus für einen Schlagzeuger" (Stockhausen/M. Neuhaus) 5/69 235

– „Mikrophonie I" (Ulrich Günther) 2/72 84

– „Stucki II" (Elmar Bozzetki) 1/73 17

Strawinsky, Igor: „Agon" (Sabine Jahnke) 12/71 594

Tenney, James: „Noise Study" (J. Tenney) 7-8/71 355

Webern, Anton: Ordnungsprinzipien im ersten Satz von Anton Weberns Symphonie op. 21 (Elisabeth Jetter) 3/78 151
– Weberns Symphonie op. 21, Strukturanalyse (Siegfried Borris) 6/73 324
Zillig, Winfried: Winfried Zilligs Einführung in die Zwölftonmusik (Hellmut Federhofer) 10/74 561
Zimmermann, Bernd Alois: Zeitanschauung in den letzten Werken (Karl-Josef Müller) 10/77 550
– „Photoptosis". Ein Blick auf das Zitat in der Kunst der Gegenwart (Clemens Kühn) 2/74 109
– „Die Soldaten" (Heinz Josef Herbort) 11/71 539
– „Die Soldaten" (Erika Funk-Hennigs) 10/78 644
– „Die Soldaten" (Hans Zender) 10/78 653
– Solosonaten (Clemens Kühn) 10/78 641

II,5 Musikrezeption (Musikpsychologie)

Behne, Klaus-Ernst: Zur Erfassung musikalischer Verhaltensweisen im Vorschul- und Primarbereich 2/74 103
– Tempo und Affekt – Ergebnisse einer experimentellen Studie 12/74 668
– Drei Thesen zum massenmedialen Musikkonsum und seiner Didaktik 12/77 666
Hartwich (Wiechell), Dörte: Erziehung zum Hören 6/71 293
Hindemith, Paul: Hören und Verstehen ungewohnter Musik 9/75 417
Hoffer, Charles R.: Jugend, Musikerziehung und die neue Schallumwelt 4/75 161
Keil, Siegmar: „Strukturelles Hören" – Versuch einer Begriffserklärung 12/74 665
Köneke, Hans W.: Schulkonzerte für den Primarbereich, Untersuchungen zur Musikrezeption bei Kindern 12/76 610
Mark, Desmond: Die Stellung des jungen Menschen in der Schallumwelt von heute 1/77 5
Meißner, Roland: Funktioniert die funktionelle Musik? Zur Musik am Arbeitsplatz 11/76 573
Motte-Haber, Helga de la/Jehne, Sabine: Der Einfluß des Musikunterrichts auf das musikalische Werturteil von sechs- und zehnjährigen Kindern 1/76 5
Natale, Marco de: Didaktische Aspekte der musikalischen Wahrnehmung und Kommunikation 2/74 97
Noll, Günther: Zum Problem der musikalischen Rezeption bei Kindern und Jugendlichen 5/69 219
Pech, Karel: Akustisches Signal und psychologischer Aspekt des Lernprozesses 7-8/70 314
Rittelmeyer, Christian: Zur Auswirkung der Prestigesuggestion auf die Beurteilung der Neuen Musik 2/71 72
Rösing, Helmut: Die Modifikation des Höreindrucks durch technische Vermittlung von Musik 7-8/74 434

Tschakert, Irmgard: Musikunterricht ohne Gefühl – Zur Affektwirkung von Musik 5/74 296
Wiechell (Hartwich), Dörte: Teilaspekte des musikbezogenen Konsumverhaltens Jugendlicher und seine Parallelen im politischen Verhaltensbereich 11/76 567
Zimmerschied, Dieter: Musik als Manipulationsfaktor 2/72 80

II,6 Lehrplan, Richtlinien, Schulreform. Schularten, Schulstufen, außerschulische Musikerziehung

Abel-Struth, Sigrid: Musiklehrpläne für die Grundschule 2/70 57
– Musikunterricht in der Grundstufe 5/70 215
– Revision des Musik-Curriculums für den Primarbereich 3/74 152
Abraham, Lars Ulrich: Revision des Curriculum als Reformhemmnis? 1/72 31
Alt, Michael: Die Mitsprache der Pädagogik bei der Zielproblematik des neuen Musikunterrichts 5/71 224
Antholz, Heinz: Kalamitäten musikalischer Grundausbildung 7-8/75 360
– Musikunterricht der Jugendschule im Horizont von Freizeiterziehung 6/70 262
Binkowski, Bernhard: Die Präambeln in den Richtlinien und Lehrplänen für Gymnasien 2/70 77
– Zur Reform der Sekundarstufe II 4/74 213
– Konsequenzen der Schulreform für das Fach Musik in der Primarstufe 3/74 141
Blaukopf, Kurt: Soziologische Aspekte der Curriculumentwicklung 5/70 205
Borris, Siegfried: Ein interdisziplinäres Konzept für Harmonie-Kurse 6/75 300
Breckhoff, Werner: Bemerkungen zur Richtlinienkritik 1/70 19
Brömse, Peter: Die Integration der Musikpädagogik in die Musikwissenschaft 5/75 244
– Fragen zum Oldenburger Studienmodell 7-8/75 352
– Zur Revision des Musiklehrplans für die Hauptschule 2/70 62
(+ Diskussionsergebnisse der 2. Bundestagung des VDS in Karlsruhe)
Deutscher Musikrat: Diskussion zum Problem der Gesamthochschule 6/73 300
Deutscher Bildungsrat: Empfehlungen der Bildungskommission zur Einrichtung von Schulversuchen und Gesamtschulen 11/69 522
Eggebrecht, Hans Heinrich: Wissenschaftsorientierte Schulmusik 1/72 29
Ehrenforth, Karl Heinrich: Die Lehrpläne für das Fach Musik in der Sekundarstufe II, Versuch einer Analyse 11/75 545

– Musik in der Schule – ein Stiefkind der Bildungsplanung	3/76	126
– Konsequenzen für den Musikunterricht in der Sekundarstufe I	4/74	232
– „Neutralisierte" Sequenzen? Fragen nach dem Standort des Unterrichtswertes	7-8/74	455
Ehrenforth, Karl Heinrich und Lindemann, Dieter: Musikunterricht im Gesamtschulprojekt Hamburg-Steilshoop	9/71	415
Eicke, Kurt-Erich: Die Realschulrichtlinien für das Fach Musik	2/70	75
Empfehlungen zur Bildungsreform und Bildungspolitik: Handreichungen für die Arbeit in der Orientierungsstufe in Niedersachsen	3/73	128
Fuchs, Peter: Überlegungen zum Musikunterricht der Primarstufe	3/74	158
Furck, Carl-Ludwig: Gesamtschule – Schule von morgen?	9/71	393
Gärtner, Adolf Hartmut: Der bayerische Curriculare Lehrplan für Musik in der Kollegstufe	4/74	227
Gesamtschule und Ganztagsschule – Diskussion der 3. Bundestagung des VDS 1971 in Bremen	1/72	14
Götzinger, Hermann: Wie ist die Gesamtschule organisiert?	9/71	429
Große-Jäger, Hermann: Musik in einer Gesamtschule	9/71	409
– Zur Differenzierung des Musikunterrichts in der Gesamtschule	6/73	302
Graetschel, Wolfgang: Die neuen Abitur-Richtlinien	11/75	575
Günther, Ulrich: Grundschul-Musikunterricht in der Krise – Folgerungen für die Musiklehrerausbildung	7-8/75	337
– 10 Jahre Oldenburger „Arbeitsgemeinschaft Unterrichtsforschung"	3/75	139
– Grundschul-Musikunterricht in der Krise – Folgerungen für die Musiklehrerausbildung	7-8/75	337
– Über Lehrbuchkritik. Einige allgemeine Überlegungen am Beispiel der Rezension von „Sequenzen" in „Musik und Bildung" (1/73) (+ Erwiderung von Paul Wehrle) (vgl. V,2)	9/73	480
Gundlach, Willi und Kohlmann, Walter: Musikunterricht an Gesamtschulen – Praxis und wissenschaftliche Begleitung	9/71	403
Gundlach, Willi: Instrumentalunterricht an Gesamtschulen	3/75	125
– Musikschule und allgemeinbildende Schule – Ein Beitrag zur Diskussion zwischen den Institutionen	6/73	311
Haas, Hermann: Zum Curriculum Musik in der Sekundarstufe II	6/73	315
Halbauer, F.: Das Problem eines Gesamtschulsystems in europäischer Sicht	9/71	431
Heise, Walter: Die gegenwärtige Musik in neueren Richtlinien für die Hauptschule	3/69	115
Jakoby, Richard: Neue Formen der Breitenarbeit und Auslese	1/70	1
– Das Problem der Differenzierung auf der Studienstufe	6/70	266
Jenne, Michael: Musikunterricht in der Gesamtschule	9/71	419
Klausmeier, Friedrich: Zum Oldenburger Modell der Musiklehrerausbildung	7-8/75	344
Klöckner, Dieter: Modellversuch „Grundschule mit Schwerpunkt Musik" Bericht über einen Schulversuch im Primarbereich	9/74	511
Koch, Peter: Im Labyrinth der Musikerziehung	1/70	4
– Schulorchester als Grundkurs	12/73	690
– Die niedersächsische Organisationsform der Sekundarstufe II im Fach Musik	4/74	217
– Sekundarstufe II: Facharbeit und Ausgleichsregelung. Vergebene Chance der Schulreform?	2/77	103
Koellreutter, Hans Joachim: Entwurf eines „Instituts für auditive Kommunikation und angewandte Musik"	5/75	249
Kolb, Hans Günther: Schulversuch in Braunfels	9/71	419
Kraus, Egon: Entwicklung eines neuen Musik-Curriculums	7-8/70	311
– Lehrplankritik als Voraussetzung zur Lehrplanreform	2/70	53
– Bemühungen der Kunsterzieher um eine Lehrplanrevision	6/70	270
– Ein neues Musik-Curriculum als Beispiel für eine Revision der Bildungspläne in den USA	6/69	273
– Grundzüge einer Curriculumentwicklung in den USA und in der Bundesrepublik	5/70	225
Krützfeldt-Junker, Hildegard: Thesen und Themen „Musikunterricht in der Primarstufe"	3/74	156
Kube, Gerhard: Der Lehrplan für das Fach Musik in der Hauptschule von Nordrhein-Westfalen aus der Sicht der Adressaten	2/70	71
Mackensen, Johannes: Kursmodell „Arrangement – Bearbeitung – Original"	11/75	578
Martin, Gary M.: Projekte zur Curriculumentwicklung in der amerikanischen Musikerziehung	2/76	82
Motte-Haber, Helga de la: Bedarf und Bedürfnis bei der Reform der Musiklehrerausbildung (zum Modellversuch in Oldenburg)	7-8/75	348
Musikpädagogische Studiengänge für die Lehrämter an allgemeinbildenden Schulen	5/75	217
Noll, Günther: Situationsbericht: Musik im Elementarbereich	3/74	143
Reinfandt, Karl-Heinz: Neue Lehrpläne für den Musikunterricht in der Orientierungsstufe und der Sekundarstufe I	10/76	495
Richter, Christoph: Die Lehrpläne für das Fach Musik in der Sekundarstufe II, Versuch einer Analyse	11/75	545
– Musik als Leistungsfach in der Studienstufe	3/73	74
– Aspekte eines Musik-Curriculums für die Sekundarstufe II	4/74	222
– Musik in der Studienstufe – eine Replik auf H. Tschache	1/74	62
Schmidt, Hans-Christian: Zur Distanz verurteilt – Plädoyer für ein Gegen-Curriculum	9/75	429
Schmidt-Brunner, Wolfgang: Lehrplanentwürfe und Rahmenrichtlinien für den Musikunterricht in der Orientierungsstufe. Versuch einer synoptischen Interpretation	10/76	489

Schuler, Manfred: In Sachen Curricula 9/76 457
Segler, Heinz: Plan zur Neuordnung des Musikschulwesens in der Bundesrepublik Deutschland und Berlin (West) 1/69 39
Senat der Pädagogischen Hochschule Niedersachsen: Strukturen und Tätigkeitsbereiche der Gesamtschule 6/73 308
Spies, Günther: Musikunterricht heute – zur Konzeption eines neuen Unterrichtswerkes für die Grundschule 3/74 160
Stephan, Rudolf: Der Beitrag der Musikwissenschaft zur Curriculumentwicklung 6/70 256
Strukturplan für Musikschulen 4/69 187
Synopse der Stundentafeln für das Fach Musik 4/74 242
Timmermann, Johannes: Was erwarten die Fachdidaktiker von der zukünftigen Musikdidaktik 5/75 252
Themen für Grund- und Leistungskurse im Musikunterricht der Sekundarstufe II 11/75 583
Tschache, Helmut: Musikerziehung in der Studienstufe 10/73 543
Twittenhoff, Wilhelm: Plan zur Neuordnung des deutschen Musikschulwesens – Eine Entgegnung 2/69 80
– Das Lehrplanwerk des Verbandes deutscher Musikschulen 5/69 229
– 20 Jahre Musikschulen in der DDR 9/69 395
– Zum Strukturplan für Musikschulen 4/69 188
Venus, Dankmar: Richtlinien und Rahmenpläne für den Musikunterricht in der Grundschule 1/76 1
Vogt, Paul G.: Musik in der Gesamtschule – Ein Bericht aus der Praxis 3/73 124
Wehrle, Paul: Klassen mit verstärktem Musikunterricht in Baden-Württemberg 4/75 190
– Zur Situation von Chor und Orchester in der neuen Sekundarstufe II 11/75 570
– Oberstufenreform in Baden-Württemberg 4/74 220
Werner-Jensen, Arnold: Zur Problematik des Leistungsfaches Musik in der Sekundarstufe II 11/75 564
– Musikunterricht auf dem Wege zur Gesamtschule 12/74 677
Zimmerschied, Dieter: Die Sekundarstufe II in den Ländern, Abweichungen der Länderbestimmungen vom KMK-Modell 11/75 572
– Der Musikunterricht im Fächerkanon der Schule 7-8/76 361
– Die Stellung des Musikunterrichts in den Plänen zur Reform der gymnasialen Oberstufe 5/69 226
– Organisationsformen in der rheinland-pfälzischen Sekundarstufe II („Mainzer Studienstufe") 4/74 215
– Curriculares Grundmodell für den Musikunterricht in der Studienstufe 9/74 493
– Themen für das schriftliche Abitur im Fach Musik (Zusammenstellung) 12/74 686

II,7 Lehrerbildung, Lehrerfortbildung, Hochschuldidaktik

AGMM: Lehrerfortbildung. Musik im Primarbereich. Ergebnisse einer Umfrage – Anregungen für Verbesserungen 7-8/78 506
Antholz, Heinz: Musikunterricht in der Grundschule und das Dilemma der Lehrerausbildung. 3/74 163
– Kalamitäten musikalischer Grundausbildung 7-8/75 360
– Studiengang Musik in der Gesamthochschule 9/74 515
Beckmann, K. H.: Zum Theorie-Praxis-Problem in der Lehrerausbildung 12/74 663
Binkowski, Bernhard: Gedanken zu dem Problem der Weiterbildung der Musiklehrer 4/77 185
– Zur Planung künftiger Musiklehrerausbildung 6/73 292
Borris, Siegfried: Bildungsspritze für „Fachidioten"? 12/69 543
Brügmann, Wolf Günther: Praxisbezogene Lehrerausbildung – Grau ist alle Praxistheorie 7-8/75 378
Clasen, Siegfried: Mauricio Kagel und seine Bedeutung für ein sich wandelndes Berufsbild des Schulmusikers 11/77 614
Dahlhaus, Carl: Zur Kritik der Harmonielehre 9/69 375
– Bemerkungen zum Freiburger „Studienplan im Fach Musikwissenschaft" 2/77 79
Denkschrift zur Situation der Musikberufsausbildung (AG der Lehrerpersonalräte der Konservatorien in NW) 7-8/69 349
Distler-Brendel, Gisela: Marginalien zum Oldenburger Versuch 7-8/75 355
Eben, Petr: Bericht über zwei tschechische Lehrbücher der Harmonielehre 9/69 383
Eggebrecht, Hans Heinrich: Das Fach Musikwissenschaft an der Universität Freiburg – ein Studienplan 2/77 75
Ehrenforth, Karl Heinrich: Rahmenstudienordnung für das zweite Fach Musik an Musikhochschulen 9/75 454
– Stellungnahme zum Problem des zweiten Faches Musik in der Sekundarstufe II 3/76 153
Eschen, Johannes Th.: Musiktherapie im Tertiärbereich 9/77 470
Finscher, Ludwig: Bemerkungen zum Freiburger Studienplan, Musikwissenschaft 2/77 80
Frankfurt: Die Folgen des Schulentwicklungsplanes III für das Frankfurter Musikleben 4/74 258
Freitag, Werner D.: Zur Ausbildung des Schulmusikers 3/69 124
Frisius, Rudolf: Musik in der Gesamthochschule 3/71 113
Fuhrmann, Roderich: Unterrichts-Motivation und Attraktion des Musiklehrerberufes in der Wissenschaftsschule 3/74 171
Glawischnig, Dieter: Das Berklee College in Boston. Modell einer Jazz-„Schule" 10/77 548
Görlich, Joachim Georg: Reform der polnischen Musikerziehung 9/70 388
Günther, Robert: Ausbildung und Berufschancen des Musikethnologen 2/77 84
Günther, Ulrich: Anmerkungen zur künftigen Musiklehrer-Ausbildung 9/71 422
– und Jakoby, Richard: Musik in der Lehrerausbildung 6/73 285

Helms, Siegmund: Wünsche von Schulmusikerziehern an unsere Musikhochschulen 3/71 129
Humpert, Hans Ulrich: Elektronische Musik als Hochschulfach 11/70 475
Ickstadt, Alois: Zu den Auswirkungen neuer Rahmenrichtlinien auf die Lehrerausbildung für die Sekundarstufe II 4/74 235
Jänecke, Wolfgang: Fortbildungslehrgang südbadischer Musikerzieher in Freiburg 11/73 557
Jakoby, Richard: Ursachen und Wirkungen des Mangels an Musiklehrern 3/76 136
– Die Ausbildung der Schulmusiker aus der Sicht der hochschulpolitischen Situation 12/71 607
Karkoschka, Erhard: Gehörbildung mit ausschließlich neuer Musik 3/69 114
– Die Abschlußprüfung im Nebenfach (Pflichtfach) Tonsatz (Musiktheorie) und neue Vorschläge zum gesamten Theorieunterricht 9/69 369
Keil, Siegmar: Zur gegenwärtigen Situation der Schulmusik aus der Sicht des Studienseminars 3/71 133
Kirchner, Gerhard: Mittelfristige Studienreform verwirklicht zur Ausbildung von Schulmusikern in West-Berlin 1/74 52
Klüppelholz, Werner: Kagels „Kölner Kurse für Neue Musik“ 11/77 626
Koch, Peter: Halten Sie den Typ eines Volksschullehrers mit Lehrbefähigung zu instrumentalem Gruppenunterricht für wünschenswert? 2/69 79
Kohlmann, Walter: Ästhetik als Wahlpflichtfach an einer Gesamtschule 12/74 672
Kraemer, Rudolf-Dieter: Lehrerfortbildung – Chance für Innovation? 5/77 281
– Praxisorientierte Curriculum-Entwicklung an Studienseminaren für Gymnasien? 1/77 31
Kraus, Egon: Musikalische Berufsausbildung 3/77 121
Mahling, Christoph-Hellmut: Die musikwissenschaftliche Ausbildung der Schulmusikerzieher 3/70 122
– Bemerkungen zum Freiburger Studienplan Musikwissenschaft 2/77 82
Michel, Paul: Die sozialistische Musikhochschule 1/69 37
Musiklehrerausbildung für den Primarbereich – Ergebnisse einer Erhebung 12/76 633
Noll, Günther: Der Anspruch von Wissenschaft und Praxis im Musikunterricht der allgemeinbildenden Schule und in der Lehrerausbildung 5/77 269
Oldemeyer, Klaus: Zur Hochschulausbildung der Instrumentalisten 3/71 136
Osterburg, Wolfgang und
Höhne, Dieter: Zur Arbeitsbelastung der Musiklehrer an den Gymnasien Niedersachsens 4/74 253
Ott, Thomas: Zur Diskussion um die Musiklehrerausbildung 4/77 193
hierzu Anmerkungen von Friedrich Klausmeier und Helga de la Motte-Haber 4/77 199
Paap, Wouter: Musikalische Berufsausbildung und neue Musik 3/69 112
Poser, Hans: Neue An-Sätze zu einer alten Weise 7-8/69 336
Pütz, Werner: Zur Hörerziehung in der musikalischen Berufsausbildung 5/72 232
Rauhe, Hermann: Hamburger Modell für die Ausbildung von Schulmusikern 3/71 122
– Musiklehrerausbildung im Zeichen der Bildungsreform 4/74 238
Reinecke, Hans-Peter: Zur Ausbildung des Musikwissenschaftlers 2/77 71
Reinfandt, Karl-Heinz: Zum Studium der instrumentalen und vokalen Disziplinen in der Lehrerausbildung an Wissenschaftlichen Hochschulen 5/67 247
– Unterrichtsplanung im Fach Musik am Beispiel „Der Zauberlehrling“ von Paul Dukas 7-8/73 389
Rehberg, Karl: Perspektiven für eine Typologie der Musiklehrer 6/71 287
Richter, Christoph: Lehrerfortbildung in Schleswig-Holstein 4/71 203
– Probleme der künstlerischen Ausbildung innerhalb des Musiklehrerstudiums an der Musikhochschule 5/76 254
– Analyse im Studium und in der Unterrichtsvorbereitung des Musiklehrers 4/78 222
– Ein Modell für Lehrerfortbildung? (Fortbildungsarbeit im „Methorster Kreis“) 4/77 226
– Anmerkungen zum Berufsbild und zum Selbstverständnis des Musiklehrers in der Studienstufe 4/77 177
Roser, Christine: Musik in der Lehrerausbildung – Anmerkungen einer Studentin 6/73 298
Schneider, Ernst Klaus: Überlegungen zum Berufsbild des Musiklehrers 10/77 560
Schmitt, Hans-Christian: Fragen und Anmerkungen zur „Theorie der Musik“ im Rahmen der Musiklehrerausbildung 4/77 202
Schmidt-Brunner, Wolfgang: Kolloquium zwischen erster und zweiter Phase der Musiklehrerausbildung (Arbeitsgemeinschaft der Leiter der Schulmusikabteilungen ...) 10/77 559
Schneider, Horst: Schulmusik heute als Beruf? 7-8/70 328
Sirker, Udo: Die Meßbarkeit von Tonhöhe, Lautstärke, Dauer, Klangfarbe 5/76 270
Staatliche Fortbildungsinstitute der Länder (Anschriften) 9/75 458
Stahmer, Klaus: Zum Curriculum „Musiktherapie“ 9/77 473
Vetter, Hans-Joachim: Der Musiklehrer in der außerschulischen Musikerziehung 5/69 232
Viera, Joe: Grundlagen eines Jazzunterrichts an Musikhochschulen und Konservatorien 5/74 319
Vogelsänger, Siegfried: Musikunterricht in der Grundschule und die Lehrerbildung 7-8/75 356
– Konsequenzen für die Musiklehrerausbildung aus einer musik-soziologischen Untersuchung 11/78 722
Werner-Jensen, Arnold: Perspektiven der Musiklehrerausbildung 4/77 213
Zander, Hans und
Züghart, Manfred: Der Musiklehrer in der Sekundarstufe I 5/76 263
Zimmerschied, Dieter: Ein modellhaftes Projekt zur Weiterbildung von Grundschullehrern im Fach Musik im Land Rheinland-Pfalz 3/78 184
– Blick zurück im Zorn? 10/70 428

II,8 Musikalische Früherziehung und Musik im Elementarbereich

Abel-Struth, Sigrid und Greben, Ulrich: Merkmale des musikalischen Hörverhaltens 5–7jähriger Kinder	5/78	301
Auerbach, Lore: Musikerziehung im Vorschulalter	5/78	312
Deutscher Bildungsrat: Veränderungen im Elementarbereich	3/74	179
Eckert, Alex: Aleatorik – Musikalisches Dorado für Kinder	12/69	559
Empfehlungen des Deutschen Musikrates: Intensivierung der „Musik im Elementarbereich“	4/73	202
Frisius, Rudolf: Musikpädagogik als musikalische Aktivierung. Pädagogische Anregungen von Mauricio Kagel	9/78	554
– Neue Musik für Kinder – ein Problem der Animation? Anmerkungen zu den Arbeiten Joseph Anton Riedls	9/78	565
Funk-Hennigs, Erika: Neue Musik für Kinder – Erwartungen der Musikpädagogik an den avantgardistischen Komponisten heute?	9/78	570
Hoch, Peter: Die experimentelle Erfahrung als notwendiges Mittel einer Neuen Musik für Kinder	9/78	556
Jenthes, Christel: Musik- und Bewegungsunterricht mit 4–6jährigen Kindern	12/69	557
Keller, Wilhelm: Musikalische Früherziehung zwischen Utopie und Wirklichkeit	5/78	307
Lützen, Ludolf: Frühinstrumentalunterricht nach Suzuki	5/78	326
Matakas, Klaus: Musikalische Früherziehung und instrumentale Früherziehung	5/78	325
Meyer-Denkmann, Gertrud: Musikalische Früherziehung in der Sicht neuen psychologischen und musikalischen Denkens	1/70	16
Mitsuda, Seiko und Moog, Helmut: Zur vorschulischen Musikerziehung in Japan	3/74	147
Motte, Diether de la: Komponieren für Kinder	9/78	549
Noll, Günther: Situationsbericht: Musik im Elementarbereich	3/74	143
Reinfandt, Karl-Heinz: Stellungnahme zum Beitrag „Musikalische Früherziehung zwischen Utopie und Wirklichkeit“ (Keller)	5/78	315
Schwarting, Jutta: Hörerziehung mit Vorschulkindern	5/78	335
Schutte, Sabine: Zwei Modelle musikalischer Früherziehung	7-8/72	355
Seidel, Almut: ... eher außerhalb der Fachdidaktik (vergl. W. Keller, Musikalische Früherziehung)	5/78	319
Steiner, Lucie: Spiel und Improvisation nach einer Textvorlage mit Kindern im Vorschulalter – ein Stundenmodell zu Joseph Guggenmoos „Aus Glas“	5/78	344
Twittenhoff, Wilhelm: Musikalische Früherziehung	1/69	18
Vogelsänger, Siegfried: Musikalische Früherziehung aus sozialpädagogischer Sicht	5/78	323
Wucher, Diethard: Modell-Programm „Musikalische Früherziehung“ an Musikschulen	6/70	282

II,9 Musiktherapie und Sonderpädagogik

Alvin, Juliette: Musik und Therapie	9/77	441
Eschen, Johannes Th.: Musiktherapie im Tertiärbereich	9/77	470
Fritze, Christa: Emotionen in Sprache und Musik. Unterrichtseinheit für ein 3. Schuljahr der Lernbehindertenschule	6/78	412
Goebel, Albrecht: Singen in der Mittelstufe der Schule für Geistigbehinderte	6/78	394
Hartmann, Fritz: Hemmung und Befreiung menschlichen Ausdrucks	9/72	415
Keller, Wilhelm: Das Orff-Schulwerk als musikalische Lebenshilfe	9/72	418
Körner, Klaus: Musiktherapie – nur für Psychoten?	9/77	454
Lecourt, Edith: Die psychomusikalischen Techniken	9/77	445
Möller, Hans-Jürgen: Tendenzen und Probleme der gegenwärtigen Musiktherapie	9/72	401
Moog, Helmut: Der Einsatz von Blasinstrumenten in der Sonderpädagogik	9/77	464
– Transfereffekte des Musizierens auf sprachliche Leistungen. Lesen und Rechtschreiben, aufgewiesen bei Sprach- und Lernbehinderten	6/78	385
Neumann, Kurt Konrad: Sozialpädagogik – Medien – Musik	5/76	268
Piel, Walter: Vokales und instrumentales Musizieren mit hörgeschädigten Kindern	6/78	391
Rauhe, Hermann: Antriebsförderung durch populäre Musik	9/77	448
Reissenberger, Karin: Zum Stand der Musiktherapie in europäischen Ländern	9/72	410
Schmölz, Alfred: Lehrgang für Musiktherapie an der Hochschule für Musik und darstellende Kunst, Wien	9/72	410
Stahmer, Klaus: Zum Curriculum „Musiktherapie“	9/77	473
Willkomm, Liebgunde: Musik als Helfer in der Stammlertherapie	6/78	397
Willms, Harm: Erster Deutscher Kongreß für Musiktherapie 1971	9/72	424
– Tendenzen der Musiktherapie in Kinderpsychiatrie und Heilpädagogik	9/77	461
– Therapeutische Beeinflussung gehemmter und gestörter Kinder und Jugendlicher durch Musik – Helfen und Heilen mit Musik	1/78	17

II,10 Instrumentalspiel, Instrumentaldidaktik

Böckle, Roland: Neue Ansätze im Instrumentalunterricht	7-8/73	376
Börner, Klaus: Klaviermethodik – Klavierdidaktik	7-8/72	334
Caskel, Christoph und Palm, Siegfried: Instrumentalunterricht in neuer Form? Ein Gespräch	7-8/73	371

Clasen, Siegfried: Zur Didaktik des Instrumentalspiels	7-8/72	375
Dolega, Bertha Leonore: Die instrumentale Spielbewegung im Lichte der modernen Bewegungslehre	11/69	505
Frisius, Rudolf: Thesen zur Fragengruppe „Moderne Industriegesellschaft – Musikpädagogik – Instrumentalunterricht"	7-8/72	329
Fuchs, Peter: Elementare Klangerprobung und Instrumentalisten	3/71	136
Gundlach, Willi: Instrumentalunterricht an Gesamtschulen	3/75	125
Heinsch, Wolfgang: Musikalische Wissensvermittlung als Grundlage der Gestaltung im Instrumentalunterricht	7-8/72	339
– Instrumentalunterricht und Improvisation	3/75	120
Lück, Rudolf: Ist die Gitarre ein Musikinstrument? (ein Werkstattgespräch mit Siegfried Behrend)	3/75	130
Müller-Bech, Werner: Instrumentale Spielformen und ihr Transferwert	7-8/73	367
– Zur Unterrichtstechnik in der Instrumentalausbildung	3/75	116
Oldemeyer, Klaus: Zur Hochschulausbildung der Instrumentalisten	3/71	136
Pape, Winfried: Bemerkungen zum heutigen Violoncellspiel (ein Gespräch mit Siegfried Palm)	6/75	296
Rebscher, Georg: Zur Situation des Instrumentalunterrichts an allgemeinbildenden Schulen	7-8/71	365
Runze, Klaus: Das Klavier als Medium einer Gesamterziehung	6/71	297
– Instrumentalpädagogik und Neue Musik für Kinder	9/78	583
Scholz, Gottfried: Instrumentalstudium bis zum Doktorat – Blick in die Musikfakultät einer amerikanischen Universität	11/70	490
Schwarting, Heino: Neue Klaviermusik seit der Wiener Schule. Anmerkungen zur Realisationspraxis	9/78	576
– Gemeinsame Konzeptionen für Klavier- und Theorieunterricht	7-8/72	344
– Improvisatorische Übungen für die Arbeit mit neuerer Klaviermusik	10/70	433
Siegert, Hans-Christian: Moderne Musik im Violinunterricht	7-8/72	332
Wagner, Christoph: Instrumentalspiel und die Frage nach der körperlichen Eignung	3/75	105
Winking, Hans: Neue Spieltechniken auf Streichinstrumenten in Orchesterwerken des frühen XX. Jahrhunderts und ihre Bedeutung für die Ausbildung zum Orchestermusiker	6/75	288
Wucher, Diethard: Die Musikschulen in der Bundesrepublik	2/70	86

II,11 Medien und Musikpädagogik

Abel-Struth, Sigrid: Filme für den Musikunterricht	4/75	181
Behne, Klaus-Ernst: Drei Thesen zum massenmedialen Musikkonsum und seiner Didaktik	12/77	666
Blaukopf, Kurt: Die Zukunft der darstellenden Künste und die Medien	2/77	101
Burkhardt, Werner: Schwarze Kunst..., nur auf der schwarzen Scheibe	12/77	663
Dahlhaus, Carl: Überlegungen zu einem Funkkolleg Musik	6/77	317
Deutscher Musikrat: Musik in der Medienpolitik – mit Beiträgen von S. Borris, K. Blaukopf, W. Seifert, Peter Rocholl, H.-P. Reinecke, M. Jenke	6/77	325
Droysen, Dagmar: Anforderungen an die audiovisuelle Information im Musikinstrumenten-Museum	7-8/72	372
Eckart-Bäcker, Ursula: Musikpädagogische Informationen auf Kinderschallplatten	4/75	188
Filme für den Musikunterricht – eine Aufstellung (Wolfgang Seibold)	10/74	573
Freitag, Werner: Musik und Werbung – Versuche im Fachpraktikum Musik	5/74	308
Hansberger, Joachim: Zur Funktion des Diskjockey im Rundfunk	12/70	539
Hartwich-Wiechell, Dörte: Schüler und Massenmedien	7-8/74	439
Heinemann, Rudolf: Musik der Dritten Welt auf dem Plattenmarkt	4/75	168
Hendric, Gerald und Gilbert, John Selwyn: Die Herausforderung lebenslanger Erziehung und die Verwendung der Medien in der Offenen Universität	6/77	322
Kleinen, Günter: Tontechnik für Musikpädagogen – alphabetisch	5/71	243
Laade, Wolfgang: Sechs Jahrhunderte spanischer Musik auf Schallplatten	2/71	82
Lentz, Hermann Josef: „Jugend musiziert" – Schallplatten, eine Fundgrube für den schulischen Musikunterricht	7-8/73	396
Meißner, Roland: Mendelssohns Söhnlein. Musik in der Fernsehwerbung	5/74	305
Motte-Haber, Helga de la: Filmmusik	1/77	19
Müller-Blattau, Wendelin: Chormusik in Film und Fernsehen	4/75	176
Rebel, Karlheinz: Medienverbund Funkkolleg – Möglichkeiten und Grenzen	6/77	313
Reinecke, Hans-Peter: Die Rolle der technischvermittelten Musik im kulturellen Prozeß	11/70	469
– Massenmedien und Musikkultur	6/72	298
Rocholl, Peter: Musik im Fernsehen, Erfahrungen eines Musikredakteurs	4/75	174
Schläger, Theo: Ein neues Gerät zum Erstellen von Elementarpartituren im Musikunterricht	6/77	353
Schmidt, Hans-Christian: Erziehung zum Musikhören: Fernsehen	1/76	24
Schmitt, Rainer: Musik in der Werbung, ein Beitrag zu ihrer Didaktik	6/76	327
Suppan, Wolfgang: Amateurmusik im Fernsehen?	4/75	178

Thiel, Jörn: Die musikalische Szene des Fernsehens im internationalen Vergleich	4/75	170
Tibbe, Monika: Fernsehmusik	4/75	185
Venus, Dankmar: Funktionsgemäße Musikräume	12/71	611
Weyer, Reinhold: Musikhören – Musiksehen. Ein neues Lerngerät für den Musikunterricht	4/76	201
Zimmerschied, Dieter: Funkkolleg „Musik". Fachdidaktische Überlegungen	6/77	319

II, 12 Musikleben

Barenboim, Lew A.: Probleme der Interpreten-Ausbildung	3/77	132
Becker, Dieter: Schulkonzerte in Braunschweig	12/76	631
Benker, Heinz: Konzerte für Jugendliche und Kinder in Bayern	12/76	629
Binkowski, Bernhard: Aufgabe und Bedeutung des schulischen Musikunterrichts für die musikalische Breitenbildung	3/76	130
Blaukopf, Kurt: Strukturanalyse des Musiklebens	1/71	11
Borris, Siegfried: Talente im Hobby-Gehege	6/70	229
– 200 Jahre Schott in Mainz	6/70	253
Bund-Länder-Kommission: Bildungsplanung	10/70	441
Deutscher Musikrat: Musik in der Planung der Städte	12/73	694
– Organisation und Integration der schulischen und außerschulischen Musikerziehung und Musikpflege	2/69	82
– Entschließung der 11. Generalversammlung	11/70	497
– Konsequenzen aus dem Künstlerbericht der Bundesregierung. (AGMM)	2/76	150
Deutscher Städtetag: Konservatorien Fachhochschulen	10/70	440
Dichgans, Hans: Gefährdung des musikalischen Nachwuchses	3/69	128
Dopheide, Werner: Musikleben und Musikerziehung im geteilten Deutschland	1/70	22
Ehrenforth, Karl Heinrich: Musik in der Schule – ein Stiefkind der Bildungsplanung	3/76	130
Gundlach, Willi: Musikschule und allgemeinbildende Schule – Ein Beitrag zur Diskussion zwischen den Institutionen	6/73	311
Heinemann, Rudolf: Orchestromanie in der dritten Welt	1/75	3
Herbort, Heinz Josef: Kein Geld mehr für Brahms! (vgl. Michaelis)	5/69	238
Höcker, Karla: Wandlungen der Konzertlandschaft. (Ein Gespräch mit Dietrich Fischer-Dieskau 1971)	3/72	129
Jakoby, Richard: Neue Formen der Breitenarbeit und Auslese	1/70	1
– Ursachen und Wirkungen des Mangels an Musiklehrern	3/76	136
Jenne, Michael: Kunst und Kinder – Eine Denkschrift mit Folgen	10/73	535
Klausmeier, Friedrich: Musik als Mittel sozialer Integration in Israel	1/72	20
KMK: Die Bedeutung der Kultur für Staat und Gesellschaft	10/70	441
Kraus, Egon: Jugendkonzerte – die pädagogische Aufgabe der Sinfonieorchester	7-8/72	365
– Zum Arbeitsprogramm des Internationalen Musikrates (IMC). Retrospektiven und Perspektiven	6/74	384
Kwabena Nketia, J. H.: Musikerziehung in Afrika und im Westen	1/75	7
Laade, Wolfgang: „Musik der Welt" an amerikanischen Bildungsstätten: Amerikas Weg zu einer neuen Humanität	1/75	11
Lewinski, Wolf-Eberhard von: Musik in der politischen Wirklichkeit	1/72	10
– Die Bedeutung der Musik in unserer demokratischen Gesellschaft	3/76	122
Maier, Hans: Eröffnungsansprache zur 10. Bundesschulmusikwoche 1974	6/74	349
Mantel, Gerhard: Zur Ausbildung des Interpreten	3/77	129
Michaels, Jost: Orchestermitglieder als Kammermusiker und Instrumentallehrer	3/69	129
– „Wirklich kein Geld mehr für Brahms?" (vergl. Herbort)	5/69	241
Michel, Paul: Pädagogische Aspekte des Musiklebens in der DDR	2/75	78
Motte, Diether de la: Komponist im Nebenberuf	3/77	124
Musik in der politischen Wirklichkeit, Arbeitstagung des Deutschen Musikrates, mit Beiträgen von H.-P. Reinecke, S. Borris, G. Baum, J. Girgensohn, B. Vogel, D. Biallas, G. Wichert	2/75	57
Nagel, Hans-Jürgen: Konzerte und Workshops für Kinder und Jugendliche in Bonn	12/76	631
Niedecken, Dieter: Konzertveranstaltungen – eine schulische Aufgabe?	12/76	613
Poš, Vladimir: Die Volkskunstschulen in der CSSR	2/70	83
Prieberg, Fred K.: Reichsmusik für Teenager – Schwedens staatliches Musikprogramm	2/72	90
Rauhe, Hermann: Aufgaben der Musikhochschule im Bezugsfeld des gegenwärtigen Kultur- und Bildungswesens	7-8/78	512
Reinecke, Hans-Peter: Zur Strukturanalyse des Deutschen Musiklebens	1/71	4
Riepenhausen, Irmgard: Orchesterkonzerte für Schüler in Berlin	12/76	626
Rogge, Wolfgang: Schulfunk-Konzerte im Norddeutschen Rundfunk	12/76	632
Schaefer, Hans-Joachim: Werkstattkonzerte für die Jugend	12/76	619
Silbermann, Alphons: Die Musik und das Publikum von morgen	2/75	73
Schmidt, Lloyd: Berufsorientierte Musikerziehung	3/77	135
Schock, Rudolf: Jugendkonzerte in Deutschland, Österreich und der Schweiz	6/71	299
Schönbach, Dieter: Jugend und Musiktheater der Gegenwart	2/69	72
Schulische Musikerziehung in der Demokratie, 5. Bundestagung des VDS in Mainz	3/76	121

Schwermer, Johannes: Konzerte für die Jugend 12/76 623
Stumme, Wolfgang: Musikschulkongreß in Berlin 1971 5/71 253
Träder, Willi: Zwanzig Jahre offenes Singen in Hannover 6/69 288
Weg, Gerd: Die Bedeutung der musikalischen Bildung für das öffentliche Musikleben 1/78 9
Wucher, Diethard: Die Musikschulen in der Bundesrepublik 2/70 86
Zimmerschied, Dieter: Musik für die Jugend im Mainzer Theater 12/76 630

III Sachwörter zur Musikpädagogik

Analyse von Musik im Musikunterricht (Chr. Richter) 10/78 664
Ästhetische Aspekte des Musikunterrichts (K.-H. Reinfandt) 7-8/78 503
Didaktik der Musik (allgemein) (K. H. Ehrenforth) 2/77 96
Didaktik des Musikunterrichts in der Primarstufe (W. Fischer) 4/77 222
Didaktik des Musikunterrichts in der Sekundarstufe I (K.-H. Reinfandt) 6/77 347
Didaktik des Musikunterrichts in der Sekundarstufe II (Chr. Richter) 7-8/77 408
Interdisziplinärer Unterricht (A. Werner-Jensen) 12/78 799
Lernziel: Was ist ein musikalisches Lernziel? (S. Abel-Struth) 12/77 693
Musikalische Hörerziehung – Lernbereich musikalisches Hören (S. Abel-Struth) 9/78 596
Musikerziehung im Elementarbereich (G. Noll) 3/77 147
Musik in der Lehrerausbildung (B. Binkowski) 9/77 485
Musik in der Sonderpädagogik (W. Probst) 6/78 408
Musikpädagogik (H. Antholz) 1/77 28
Musiktherapie (H. de la Motte-Haber) 5/78 347
Musikunterricht in der Orientierungsstufe (H. Rauhe) 5/77 294
Psychologische Aspekte des Musikunterrichts (H. de la Motte-Haber) 3/78 180
Soziologische Aspekte des Musikunterrichts (H. Rauhe) 11/78 719

IV Pop-Informationen

IV,1 Pop-Informationen

1975

Schallplatten/Bücher 1 42
Jazz- und Rock-Zeitschriften 2 92
Frauen in der Popmusik 3 146
Country & Western Music 4 198
Zur Definition von Pop – Rock – Beat 5 266
Text und Textrezeption in der Rockmusik: Zum Beispiel „Genesis“ 6 323
Rockmusik seit 1970. Erfahrungen an einer Lehrveranstaltung an der FU Berlin 7/8 391
Ken Russells Film „Tommy“ 9 464
Jimi Hendrix, John McLaughlin, Leo Kottke: Anmerkungen zur Erneuerung der Gitarrenspielweise in der Rockmusik 10 533
Zu neueren Schallplatten von Bob Dylan 11 597

Zwei bedeutende Jazzrock-Interpreten der 70er Jahre: Billy Cobham und Joe Zawinul	12	651

1976

Anmerkungen zu einigen Topoi der Rock-Szene	1	45
Avantgarde: zum Beispiel Rockmusik. Notizen anläßlich der Deutschland-Tournee von Gentle Giant	2	104
Musikalisches Theater und Free Jazz	3	160
Über die Schwierigkeit, deutschen Rock zu hören	4	217
Schallplattenproduktion I: Aufnahme und Abmischung	5	284
Schallplattenproduktion II: Überspielung, Pressung, Vertrieb	6	344
Miles Davis und der Jazz der siebziger Jahre	7/8	419
Loft-Szene New York City	9	475
Zur Beethoven-Rezeption in der Rockmusik	10	535
Neue Schallplatten von John McLaughlin und Santana	11	591
Jazzszene in New Orleans	12	653

1977

Über sogenannte Rockopern	1	49
Tabellarische Übersicht über die Entwicklung der Rockmusik (Winfried Pape/Peter Verhees)	2	109
Wandlungen im Punk-Rock-Begriff	3	160
Was ist ein „Concept Album"?	5	301
Überblick über Rock-Zeitschriften	7/8	422
Rock in Frankreich und in Holland	9	502
Über Lexika und Enzyklopädien der Rockmusik	10	573
Drei Hauptströmungen der Rockmusik	11	642
Frank Zappa	12	713

IV,2 Informationen zur Rockmusik

1978

Folkrock heute: zurück zu den Anfängen	2	127
Sound, Gitarre, Gitarrensound	3	193
Der übersehene Musiker in der Rockmusik	4	287
Der Sound in der Rockmusik	3	193
	5	358
	7-8	527
Das Image des Rockmusikers	6	443
Ästhetische Wertung in der Rockmusik	9	610
Deutsche Beatmusik der sechziger Jahre	10	675
Rockjournalismus deutsch, „Rock Session I", Reinbek 1977	11	739
Über Platten und Labels. Das Beispiel von Virgin Records	12	809

V Rezensionen

V,1 Bücher

Abel-Struth, Sigrid: Materialien zur Entwicklung der Musikpädagogik als Wissenschaft. Bd. 1 der Reihe „Musikpädagogik, Forschung und Lehre", Mainz 1970 (P. Koch)	2/71	98
– Musikalischer Beginn in Kindergarten und Vorschule. Bd. 2 Praktikum, Kassel 1972 (G. Noll)	7-8/73	407
– Musikalischer Beginn in Kindergarten und Vorschule. Bd. 3 Materialien, Kassel 1977 (H. Regner)	5/78	353
– Ziele des Musiklernens, Teil I. Beitrag zur Entwicklung ihrer Theorie, Mainz 1978 (H. Antholz)	11/78	736
Abraham, Lars Ulrich: Einführung in die Notenschrift, Köln 1969 (S. Borris)	7-8/70	341
– Harmonielehre II. Beispiele-Aufgaben-Erläuterungen, Köln 1969 (S. Borris)	2/71	98
– und Dahlhaus, Carl: Melodielehre, Köln 1972 (G. Noll)	5/74	336
Adorno, Theodor W.: Berg, Der Meister des kleinsten Übergangs, Wien 1968 (S. Borris)	2/70	90
Albersheim, Gerhard: Zur Musikpsychologie, Wilhelmshaven 1974 (H. de la Motte-Haber)	9/75	462
Aldridge, Alan: The Beatles Songbook, München-Zürich 1969 (Ilse Storb)	3/70	142
Alt, Michael: Didaktik der Musik, Düsseldorf 1968 (E. Kraus)	3/69	140
– (Hrsg.): Die neue pädagogische Literatur (Sammelbesprechung)	5/71	257
– (Hrsg.): Empirische Forschung in der Musikerziehung, Mainz 1970 (D. Gojowy)	9/71	443

Anschauungstafeln für den Musikunterricht, Frankfurt a. M. (E. Kraus) 1/69 44

Antholz, Heinz: Unterricht in Musik, in Didaktik, hrsg. v. W. Faber und S. Oppolzer, Düsseldorf 1970 (E. Weidmann) 1/72 42

– /Gundlach, Willi (Hrsg.): Musikpädagogik heute. Perspektiven-Probleme-Positionen, Düsseldorf 1975 (G. Noll) 6/75 317

Apfelauer, Alois: Praxis der Musikerziehung in der Grundschule, Schriften zur Lehrerbildung und Lehrerfortbildung, Bd. 15, Wien 1976 (G. Noll) 11/78 737

Arnold, Marlies Ch.: siehe unter Reinert, Gerd-Bodo

Ausubel, David P.: Psychologie des Unterrichts, Weinheim/Basel 1974 (H. de la Motte-Haber) 7-8/76 415

Baacke, Dieter: Beat – Die sprachlose Opposition, München 1968 (E. Kraus) 10/69 443

Bader, Leo: Musik in der Orientierungsstufe, Mainz 1973 (D. Zimmerschied) 10/73 561

Balet, Leo/Gerhard, E.: Die Verbürgerlichung der deutschen Kunst, Literatur und Musik im 18. Jahrhundert, Berlin 1973 (P. Faltin) 6/76 334

Ballauf, Theodor: Skeptische Didaktik, Heidelberg 1970 (M. Alt) 5/71 259

Bártok, Béla: Ethnomusikologische Schriften. Faksimile-Nachdrucke. IV. Melodien der rumänischen Colinde, Mainz 1968 (M. Schneider) 4/70 191

Bartolozzi, Bruno: Neue Klänge für Holzblasinstrumente, Mainz (G. Noll) 11/73 637

Baum, Günther: Abriß der Stimmphysiologie, Mainz 1975, Bd. 22 der Reihe „Bausteine für die Musikerziehung und Musikpflege" (A. Rüdiger) 5/75 265

Bechert, Günther (Hrsg.): Gesamtschulen in Nordrhein-Westfalen, Weinheim 1971 (E. Kraus) 9/71 444

Beck, Hermann: Methoden der Werkanalyse in Musikgeschichte und Gegenwart, Wilhelmshaven 1974 (C. Dahlhaus) 12/74 694

Becker, H./Gerlach, R. (Hrsg.): Speculum Musicae Artis. Festgabe für Heinrich Husmann zum 60. Geburtstag, München 1970 (T. Kneif) 11/70 505

Beethoven, Ludwig van: Konservationshefte, hrsg. v. K.-H. Köhler u. a., Leipzig 1972 (C. Dahlhaus) 12/73 706

Behne, Klaus-Ernst: Der Einfluß des Tempos auf die Beurteilung von Musik, Köln 1972 (W. Fischer) 7-8/75 387

Bense, Max: Vermittlung der Realität. Semiotische Erkenntnistheorie, Baden-Baden 1976 (P. Faltin) 1/78 61

Berendt, Joachim Ernst: Ein Fenster aus Jazz, Frankfurt a. M. 1977 (T. Kneif) 2/78 126

Berger, Gregor: Ostinato-Chaconne-Passacaglia, Wolfenbüttel 1970 (S. Borris) 1/72 44

Bernstein, Leonard: Von der unendlichen Vielfalt der Musik, Tübingen 1968 (G. Marbach) 2/69 92

– Konzert für junge Leute, Tübingen 1969 (S. Jahnke) 3/70 142

Berzheim, Nora/Meier, Ursula: Aus der Praxis der elementaren Musik- und Bewegungserziehung, Donauwörth 1975 (G. Noll) 4/77 231

Besseler, Heinrich/Gülke, Peter: Schriftbild der mehrstimmigen Musik. Musikgeschichte in Bildern. Bd. 3: Musik des Mittelalters und der Renaissance, Leipzig 1973 (S. Borris) 12/77 709

Bibliographie des Musikschrifttums, hrsg. v. Staatlichen Institut für Musikforschung, Preußischer Kulturbesitz, Mainz 1969 (1961) (S. Borris) 4/71 204

Bibliographie des Musikschrifttums, hrsg. v. Staatlichen Institut für Musikforschung, Preußischer Kulturbesitz, Mainz 1967 (1974); 1968 und 1969 (1975) (S. Borris) 10/76 532

Blacking, John: How Musical Is Man, Seattle und London 1973 (I. Vandor) 4/76 215

Blankenburg, Walter: Einführung in Bachs h-Moll-Messe, Kassel 1974 (H. Unverricht) 11/76 589

Blätter zur Berufskunde, Lehrer für rhythmisch-musikalische Erziehung, von H. Krause-Wichert, Bielefeld 1975 (G. Noll) 4/77 232

– Musikerzieher, von E. Kraus, Bielefeld 1977 (E. Mayer-Rosa) 9/77 500

– Instrumentalmusiker, Bielefeld 1972 (W. Pape) 12/77 711

Blaukopf, Kurt: Gustav Mahler oder der Zeitgenosse der Zukunft, Wien-München-Zürich 1969 (S. Borris) 9/72 439

– Neue musikalische Verhaltensweisen der Jugend, Mainz 1974 (G. Noll) 6/75 316

– Neue musikalische Verhaltensweisen der Jugend, Mainz 1974 (F. Klausmeier) 6/76 337

– (Hrsg.): Schule und Umwelt. Interdisziplinäre Aspekte musikpädagogischer Untersuchungen, Wolfenbüttel und Zürich 1975 (G. Noll) 11/75 594

– Musiksoziologie, Niederteufen 1972 (P. Faltin) 11/77 637

– Werktreue und Bearbeitung, Karlsruhe 1968 (S. Borris) 3/71 150

Blume, Friedrich (Vorwort): Epochen der Musikgeschichte in Einzeldarstellungen, 1974 (H. Unverricht) 12/74 639

Blume, Joachim: Komposition nach der Stilwende, Wolfenbüttel und Zürich 1972 (S. Borris) 12/72 596

Bobri, Vladimir: The Segovia Technique, New York 1972 (D. Kreidler) 7-8/74 462

Bodky, Erwin: Der Vortrag der Klavierwerke von J. S. Bach, Tutzing 1970 12/71 625

Böckler, Hermann: Stimmbildung in der Schule, Villingen 1969 (P. Nitsche) 2/70 92

Böhm, Suse: Spiele mit dem Orff-Schulwerk, Stuttgart 1975 (G. Noll) 7-8/75 385

Boehmer, Konrad: Zwischen Reihe und POP, Wien/München 1970 (D. Gojowy) 4/72 207

Bohländer, Carlo/Holler, Karl Heinz: Reclams Jazzführer, Stuttgart 1971 (D. Gojowy) 12/73 705

Bonis, Ferenc: Béla Bartók. Sein Leben in Bilddokumenten, Wien 1974 (E. Kraus) 11/75 596

Bontinck, Irmgard (Hrsg.): New Patterns of Musical Behavior of the Young Generation in Industrial Societies, Wien 1974 (F. Klausmeier) 6/76 337

– Kritik der etablierten Kultur, Wien 1977 (S. Borris) 11/77 637

Borris, Siegfried: Klingende Elementarlehre, Wilhelmshaven 1973 (E. Kraus) 2/74 130

– Praktische Harmonielehre, Wilhelmshaven 1972 (E. Kraus) 2/74 130

– Einführung in die moderne Musik 1900–1950, Wilhelmshaven 1975 (W. Gruhn)	9/75	462
– Grundlagen einer musikalischen Umweltkunde, Wolfenbüttel 1975 (E. Mayer-Rosa)	7-8/76	413
Bose, Fritz: Jahrbuch für musikalische Volks- und Völkerkunde, Berlin 1972 (M. Schneider)	11/74	637
Boulez, Pierre: Werkstatt-Texte, Frankfurt a. M./Berlin 1972 (S. Borris)	1/75	41
Bowers, Faubion: Scriabin, Tokyo and Palo Alto 1969 (S. Borris)	7-8/76	415
– The New Scriabin, Newton Abbot/Devon 1974 (S. Borris)	7-8/76	415
Braun, Werner: Musikkritik, Köln 1972 (T. Kneif)	4/74	262
Brednich, R. W./Suppan, W. (Hrsg.): Gottscheer Volkslieder, Mainz 1969 (M. Schneider)	12/70	553
Brednich, R. W. (Hrsg.): Jahrbuch für Volksliedforschung, 11. Jg., Berlin 1966 (M. Schneider)	6/70	292
Bremer, Heinz: Musikunterricht und Musikpflege an den niederrheinischen Lateinschulen im Späthumanismus, Köln 1976 (G. Noll)	11/77	635
Brinkmann, Reinhold: Arnold Schönberg. Drei Klavierstücke op. 11, Wiesbaden 1969 (Hans H. Stuckenschmidt)	7-8/71	374
Britten, Benjamin/Holst, Imogen: Wunderbare Welt der Musik, Freiburg 1969 (S. Borris)	12/69	577
Brix, Lothar: Die Krise in der Musikpädagogik, Laaber 1977 (H. C. Schmidt)	4/78	283
Brömse, Peter/Kötter, Eberhard: Zur Musikrezeption Jugendlicher, Mainz 1971 (H. de la Motte-Haber)	4/72	209
Brown, David: Mikhail Glinka, London 1974 (D. Gojowy)	2/76	101
Brown, Maurice J. E.: Franz Schubert, Wiesbaden 1969	11/70	506
Brüchle, Bernhard: Horn-Bibliographie, Wilhelmshaven 1970 und 1975 (W. Pape)	1/77	48
Brün, Herbert: Über Musik zum Computer, Karlsruhe 1971 (C. Dahlhaus)	10/71	503
Bruhn, Klaus/Stephan, Rudolf: Die zweite Reform, Leiden 1973 (H. de la Motte-Haber)	7-8/74	460
Bruinier, August H.: Die Kunst der geigerischen Übung, Mainz 1971 (G. Hartrath)	7-8/72	386
Bruner, Jacques: siehe Daniélou, A.		
Buchhofer, Bernd/Friedrichs, Jürgen/Lüdtke, Hartmut: Musik und Sozialstruktur, Köln 1974 (F. Klausmeier)	7-8/76	413
Budde, Elmar: Anton Weberns Lieder op. 3, Wiesbaden 1971 (S. Borris)	1/75	40
Bünner, Gertrud/Röthig, Peter: Grundlagen und Methoden rhythmischer Erziehung, Stuttgart 1971 (K. Lorenz)	11/72	544
Burow, Winfried: Stockhausens Studie II, Frankfurt a. M./Berlin/München 1973 (G. Noll)	1/75	39
Cage, John: Sonderband der ReiheMusik-Konzepte, hrsg. v. Heinz-Klaus Metzger und Rainer Riehn, München 1978 (H.-Chr. v. Dadelsen)	11/78	738
Carles, Philippe/Comolli, Jean-Louis: Free Jazz-Black Power, Frankfurt a. M. 1974 (st)	7-8/75	392
Chopin-Jahrbuch 1970, Wien 1971 (H. Schwarting)	3/72	149
Comolli, Jean-Louis: siehe Carles, Philippe		
Dahlhaus, Carl: Musikästhetik, Köln 1968 (G. A. Trumpff)	6/69	296
– Schönberg, Variationen für Orchester op. 31, München (S. Borris)	12/69	578
– (Hrsg.): Festschrift für einen Verleger: Dr. L. Strecker, Mainz 1973 (L. Prisor)	2/73	95
– Wagners Konzeption des Musikdramas, Regensburg 1971 (G. Marbach)	3/73	149
– Analyse und Werturteil, Mainz 1973 (S. Borris)	4/74	395
– siehe auch unter Abraham, L. U.		
Dammann, Rolf: Der Musikbegriff im deutschen Barock, Köln 1976 (C. Dahlhaus)	1/71	47
Danckert, Werner: Das europäische Volkslied, Bonn 1970 (W. Suppan)	7-8/71	376
Daniel, Ladislav: Intervall-Lehre, Frankfurt/M. 1968 (E. Kraus)	3/69	141
Daniélou, Alain/Bruner, Jacques: Die Musik Asiens zwischen Mißachtung und Wertschätzung, Wilhelmshaven 1973 (H. H. Stuckenschmidt)	9/74	523
Darmstädter Beiträge zur Neuen Musik. XIV. „Ferienkurse '74", Mainz 1975 (T. Kneif)	12/75	644
Debussy, Claude: Einsame Gespräche mit Monsieur Croche, Leipzig 1971 (C. Dahlhaus)	10/71	500
– Monsieur Croche, Stuttgart 1947 (S. Borris)	12/75	645
Decker-Voigt, Helmut (Hrsg.): Therapie und Erziehung durch Musik, Lilienthal-Bremen 1975 (H. de la Motte-Haber)	3/76	156
Demény, János (Hrsg.): Béla Bartók. Briefe, Budapest 1973 (S. Borris)	11/75	596
Dibelius, Ulrich (Hrsg.): Herausforderung Schönberg, München 1974 (S. Borris)	12/75	644
Dickreiter, Michael: Der Klang der Musikinstrumente, München 1977 (P. Nitsche)	3/78	191
Dieckmann, Johann: Pädagogische Soziologie, Heidelberg 1970 (M. Alt)	5/71	258
Dürr, Alfred: Bach, Weihnachtsoratorium, München 1967 (S. Borris)	12/69	578
– Die Kantaten von Joh. Seb. Bach, Kassel 1971	1/73	38
Eckhardt, Andreas: Männerchor: Organisation und Chorliteratur nach 1945, Mainz 1977 (K.-J. Müller)	4/78	286
Eckhardt, Josef/Lück, Helmut E.: Jugend und Musik, Duisburg 1976 (G. Noll)	11/77	634
Edwards, Allen: Versuchsplanung in der Psychologischen Forschung, Weinheim 1973 (P. Faltin)	12/76	649
Eggebrecht, Hans Heinrich (Hrsg.): Handwörterbuch der Musikalischen Terminologie, Wiesbaden 1972ff. (D. Gojowy)	6/77	359
Ehrenforth, Karl Heinrich: Verstehen und Auslegen, Frankfurt/M. 1971 (E. Kraus)	2/72	98
Eimert, Herbert/Humpert, Hans Ulrich: Das Lexikon der elektronischen Musik, Regensburg 1973 (S. Borris)	7-8/74	458
Eisler, Hanns: Musik und Politik. Schriften 1924–1928, hrsg. v. Günter Mayer, München 1973 (S. Borris)	1/75	41
– Musik und Politik. Eisler-Gesamtausgabe, Serie 3, München 1974 (H. H. Stuckenschmidt)	11/76	586
Elias, Norbert: Was ist Soziologie?, München 1970 (M. Alt)	5/71	258

Elste, Martin: Verzeichnis deutschsprachiger Musiksoziologie 1948–1973, Hamburg 1975 (F. Klausmeier)	1/77	46
Ellwein, Th./Groothoff, H. H./Rauschenberger, H./Roth, H. (Hrsg.): Erziehungswissenschaftliches Handbuch, Berlin 1969 (M. Alt)	5/71	258
Engel, Hans: Das Instrumentalkonzert Bd. 1 u. 2, Wiesbaden 1974 (S. Borris)	12/74	692
Ernst, Hans-Bruno: Musik- und Bewegungserziehung, München 1977 (B. Haselbach)	9/78	608
Erziehungswissenschaftliche Dokumentation, Reihe A, Weinheim 1970 (E. Kraus)	9/72	438
Eschbach, Achim/Rader, Wendelin: Semiotik-Bibliographie I, Frankfurt 1976 (P. Faltin)	7-8/77	421
Eschbach, Achim: Zeichen, Text, Bedeutung, München 1974 (P. Faltin)	1/78	62
Ettl, Helga: Petruschka. Ein Modell zur Werkbetrachtung im Unterricht, Stuttgart 1968 (M. Alt)	1/69	43
Exner, Ingeborg: Psychogenes Training-Konzentrative Selbstbesinnung, Kastellaun 1975 (E. Fellner-Köberle)	12/75	643
Faas, Egbert: Offene Formen in der modernen Kunst und Literatur, München 1975 (S. Borris)	3/77	157
Falk, Julien: Technique de la Musique Atonale, Paris 1972 (D. Gojowy)	11/72	543
Falla, Manuel de: Spanien und die neue Musik, Zürich 1968	9/69	405
Farnsworth, Paul R.: Sozialpsychologie der Musik. Kunst und Gesellschaft Bd. 6, Stuttgart 1976 (H. de la Motte-Haber)	11/76	589
Federhofer, Helmut: Neue Musik, ein Literaturbericht, Tutzing 1977	10/78	673
Fehling, Reinhard: Manipulation durch Musik. Das Beispiel „Funktionelle Musik", München 1976 (F. Ritzel)	6/77	360
Finkel, Klaus/Matthes, Christiane: Gehörerziehung mit geistig behinderten Kindern, Weinheim/Basel 1976 (H. de la Motte-Haber)	11/77	636
Finscher, Ludwig: Studien zur Geschichte des Streichquartetts, Kassel 1974 (H. Unverricht)	12/75	645
Fischer, Gerhard: Einführung in die Theorie psychologischer Tests, Stuttgart/Wien 1974 (H. de la Motte-Haber)	11/76	588
Fischer, Hermann/Wohnaas, Theodor: Süddeutsche Orgeln aus der Zeit vor 1900, Frankfurt (R. Walter)	6/74	397
Fischer, Wilfried/Hansen, Erich/Jacobsen, Jens/Schulz, Martin: Musikunterricht Grundschule, Mainz 1976 (H. Meyer)	9/77	499
Fischer-Dieskau, Dietrich: Auf den Spuren der Schubert-Lieder, Wiesbaden 1971	3/72	148
Flügge, Johannes: Zur Pathologie des Unterrichts, Bad Heilbrunn 1971 (S. Borris)	5/72	257
Fohrbeck, Karla/Wiesand, Andreas Johannes: Der Künstler-Report, München 1975 (P. Faltin)	6/76	335
Forneberg, Erich/Jakoby, Richard: Schulmusikalisches Praktikum, Frankfurt/M. 1969 (S. Borris)	7-8/70	341
Forrer, Felix/Schoch, Rudolf: Geigenschule für Anfänger, Zürich 1977 (E. Kraus)	6/77	358
Forschung in der Musikerziehung. Beihefte zu Musik und Bildung (E. Kraus)	4/69	197
Forschung in der Musikerziehung 1974, Schriftleitung: Egon Kraus, Mainz 1974 (G. Noll)	6/75	317
Forschung in der Musikerziehung 1975, Musikalisches Hörverhalten in der Schule, Schriftleitung: Egon Kraus, Mainz 1975 (K.-H. Reinfandt)	3/77	156
Forschung in der Musikerziehung 1976. Musikpädagogik in der Studienreform, hrsg. v. Günter Noll, Mainz 1976 (W. Gruhn)	10/77	568
Forschung in der Musikerziehung, hrsg. v. E. Kraus und G. Noll, Mainz 1977 (K.-H. Reinfandt)	7-8/78	521
Frankfurter Hefte. Sonderheft „Jugend" 4/75, hrsg. v. Walter Dirks und Eugen Kogon (E. Kraus)	10/75	532
Franzen, Ule: siehe Höfer, Manfred		
Freitag, Eberhard: Arnold Schönberg, Reinbek b. Hamburg 1973 (S. Borris)	1/75	40
Friedemann, Lilli: Kinder spielen mit Klängen und Tönen, Wolfenbüttel/Zürich 1971 (G. Noll)	12/73	706
– Einstiege in neue Klangbereiche durch Gruppenimprovisation, Wien 1973 (G. Noll)	1/75	39
Friedland, Walter: Die Tonbildung der Bolognesischen Gesangsschule, Hannover 1970 (G. Baum)	3/71	152
Friedrich, Martin: Text und Ton. Wechselbeziehungen zwischen Dichtung und Musik, Hohengehren 1973 (H. de la Motte-Haber)	2/76	100
Friedrichs, Jürgen: siehe Buchhofer, Bernd		
Friend, David/Pearlman, Alan/Pigott, Thomas D.: Learning Music with Synthesizers, Dewton/Massachusetts 1974 (H. de la Motte-Haber)	3/77	150
Frotscher, Gotthold: Orgeln, orphica critica, hrsg. v. Karl Breh, Karlsruhe 1968 (H. Sievers)	7-8/69	356
Füller, Klaus: Lernklassifikation und Leistungsmessung im Musikunterricht, Weinheim/Basel 1974 (G. Noll)	4/75	196
– Standardisierte Musiktests, Frankfurt/M./Berlin/München 1974 (G. Noll)	4/75	196
– Lernzielklassifikation und Leistungsmessung im Musikunterricht, Weinheim/Basel 1974 (H. de la Motte-Haber)	11/77	639
Gamm, Hans-Joachim: Kritische Schule. Eine Streitschrift für die Emanzipation von Lehrern und Schülern, München 1970 (E. Kraus)	9/71	444
Gebhardt/Valentin/Vetter: Handbuch des Musikunterrichts für Musiklehrer und freie Musikerzieher, Regensburg 1970 (S. Borris)	6/70	292
Geck, Martin (Hrsg.): Bach-Interpretationen, Göttingen 1969 (S. Borris)	3/70	144
Gehlhaar, Rolf: Zur Komposition ENSEMBLE, Mainz 1968 (C. Dahlhaus)	3/69	140
Die Geige in der europäischen Volksmusik, redigiert von Walter Deutsch und Gerlinde Haid, Wien 1975 (W. Suppan)	10/75	532
Geiringer, Karl: Johann Sebastian Bach, München 1971 (D. Gojowy)	6/74	396
Georgiades, Thrasybûlos G.: Schubert. Musik und Lyrik, Göttingen/Zürich 1967 (C. Dahlhaus)	2/70	92
Gerhard, E.: siehe Balet, Leo		

Gerhartz, Leo Karl: Die Auseinandersetzungen des jungen Giuseppe Verdi mit dem literarischen Drama, Berlin 1968 (G. Marbach) 12/69 577
Gesamtschule. Praktische Aspekte der inneren Schulreform, hrsg. vom Lehrerverein Bern, Bern/Stuttgart 1972 (E. Kraus) 6/73 339
Gieseler, Walter: Musikerziehung in den USA im Vergleich mit deutschen Verhältnissen, Stuttgart 1969 (S. Borris) 5/70 238
Ginsburg, Lew: Wege zur Interpretation von Musik, Leipzig 1975 (W. Pape) 3/77 155
Goertz, Harald: Österreichisches Musikhandbuch, München 1971 (E. Kraus) 2/72 99
Goltz, Conrad von der: Violine. Bd. 1 der Orientierungsmodelle für den Instrumentalunterricht, hrsg. v. Werner Müller-Bech, Regensburg 1975 (F. v. Hausegger) 7-8/76 410
Gosebruch, Martin/Wolters, Christian/Wiora, Walter: Methoden der Kunst und Musikwissenschaft, hrsg. v. Manfred Thiel, München/Wien 1970 (H. de la Motte-Haber) 6/76 337
Graetschel, Wolfgang: Theorie und Praxis im musikerzieherischen Wirken Josef Mainzers, Wolfenbüttel/Zürich 1976 (G. Noll) 11/77 635
Grebe, Karl: Anton Bruckner in Selbstzeugnissen und Bilddokumenten, Reinbek bei Hamburg 1972 6/73 341
Gregor-Dellin, Martin: Wagner-Chronik, München 1972 (C. Dahlhaus) 1/73 38
Grischkat, Hans, zum Gedenken (1903–1977), Stuttgart 1977 (P. Wehrle) 11/77 638
Groß, Felix (Hrsg.): Kooperativer Unterricht Bd. II/8: Musik, Stuttgart 1972 (S. Schutte) 4/73 210
Gülke, Peter: siehe Besseler, Heinrich
Gümbel, Martin: Neue Spieltechniken in der Querflötenmusik nach 1950, Kassel 1974 (K. Behrmann) 3/75 145
Gundlach, Willi: Musikunterricht an Gesamtschulen. Analysen-Berichte-Materialien. Unter Mitwirkung von Thomas Ott, Stuttgart 1971 (E. Kraus) 9/71 445
– (Hrsg.): siehe Antholz, H.
– /Schmidt-Brunner, Wolfgang (Hrsg.): Praxis des Musikunterrichts. 12 Unterrichtseinheiten für die Primar- und Sekundarstufe I, Mainz 1977 (H.-Chr. Schmidt) 5/78 356
Gutmann, Robert W.: Richard Wagner. Der Mensch, sein Werk, seine Welt, München 1970 (D. Gojowy) 3/71 150
Habermann, Günther: Stimme und Sprache, Stuttgart/München 1978 (K. Hofbauer) 10/78 671
Häusler, Josef: Musik im 20. Jahrhundert. Von Schönberg zu Penderecki, Bremen 1969 (C. Dahlhaus) 6/70 292
Hagen, Rudolf E.: Elektronische Musik in der Schule, Wien 1975 (E. Mayer-Rosa) 7-8/76 411
Handerer, Hermann/Völkl, Hubert/Wolf, Otto: Mein Musikbuch, 1., 2., 3. und 4. Jahrgangsstufe mit Tonband, München 1976/77 (G. Noll) 10/77 567
Hansen, Erich: siehe Fischer, Wilfried
Hansen, Nils: Kreativität im Musikunterricht, Wien 1975 (Chr. Richter) 5/76 278
Harder, Theodor: Werkzeug der Sozialforschung, München 1974 (P. Faltin) 12/76 650
Harrer, Gerhart: siehe Revers, W. J.
– (Hrsg.): Grundlagen der Musiktherapie und Musikpsychologie, Stuttgart 1975 (H. de la Motte-Haber) 3/76 157
Haselbach, Barbara: Tanzerziehung. Grundlagen und Modelle für Kindergarten, Vor- und Grundschule, Stuttgart 1971 (K. Lorenz) 3/74 131
– Improvisation-Tanz-Bewegung, Stuttgart 1976 (E. Werdin) 11/77 640
Haselböck, Hans: Barocker Orgelschatz in Niederösterreich, Wien/München 1972 (RW) 10/72 484
Hauck, Werner: Das Vibrato auf der Violine, Köln/Wien/London 1971 (G. Hartrath) 11/72 545
Haus, Klaus/Möckl, Franz: Singen und Spielen, München/Mainz 1977 (G. Noll) 10/77 567
Hauser, Arnold: Sozialgeschichte der Kunst und Literatur, München 1970 (M. Alt) 5/71 258
– Methoden moderner Kunstbetrachtung, München 1958/70 (M. Alt) 5/71 258
– Soziologie der Kunst, München 1974 (P. Faltin) 6/76 334
Hausswald, Günter: Die Musik des Generalbaßzeitalters, Köln 1973 (S. Borris) 3/75 145
Haydn-Studien, Bd. III, Heft 3/4 Bibliographie, München 1974 (H. Unverricht) 12/77 712
Heckmann, Harald (Hrsg.): Elektronische Datenverarbeitung in der Musikwissenschaft, Regensburg 1967 (H. Haack) 5/69 251
Helmer, Axel: Das schwedische Sololied 1850–1890, Stockholm 1972 (H. Unverricht) 7-8/74 460
Helms, Siegmund: Außereuropäische Musik, Wiesbaden 1974 (E. Kraus) 4/76 214
Henius, Carla: Das undankbare Geschäft mit neuer Musik, München 1974 (S. Borris) 7-8/75 388
Henze, Hans Werner: Musik und Politik, München 1976 (S. Borris) 2/78 125
Herrmann, Kurt: Vom Blatt, Zürich 1971 (H. Schwarting) 10/72 484
Hesse, Horst-Peter: Die Wahrnehmung von Tonhöhe und Klangfarbe als Hörtheorie, Köln 1972 (G. Noll) 1/74 65
Hindemith, Paul: Übungsbuch für den dreistimmigen Satz, Mainz 1970 (S. Borris) 11/70 484
– Übungsbuch für elementare Musiktheorie, Mainz 1975 (K. Stahmer) 1/76 42
Hindemith-Jahrbuch 1973/III, Mainz 1974 (E. Kraus) 9/75 463
Hoboken, Anthony van: Joseph Haydn. Thematisch-bibliographisches Werkverzeichnis, Mainz 1971 (H. Unverricht) 3/72 151
Höfer, Manfred/Franzen, Ule: Theorie der angewandten Statistik, Weinheim 1975 (P. Faltin) 12/76 650
Hörmann, Karl: Studie zur Motivation im Musikunterricht. Ein Beitrag zur Didaktik des psychophy-

sischen Musikverstehens, Regensburg 1977 (H. de la Motte-Haber)	12/78	807
Hofbauer, Kurt: Praxis der chorischen Stimmbildung. Reihe: Bausteine, Mainz 1978 (A. Ickstadt)	10/78	670
Hoffmann, Freia: Musiklehrbücher in den Schulen der BRD, Neuwied 1974 (P. Wehrle)	12/74	690
Hollander, Hans: Die Musik in der Kulturgeschichte des 19. und 20. Jahrhunderts, Köln 1967 (S. Borris)	10/69	471
Holm, Kurt: Die Befragung, Bd. 1–4, München 1975/76 (P. Faltin)	12/76	650
Hope, Keith: Methoden multivariater Analyse, Weinheim 1975 (P. Faltin)	12/76	649
Horney/Ruppert/Schultze (Hrsg.): Pädagogisches Lexikon, Gütersloh 1970 (M. Alt)	5/71	257
Hradecký, Emil: Einführung in das Studium der tonalen Harmonie (P. Eben)	9/69	383
Hübner, Herbert/Rauh, Christoph: Soziale Faktoren des Unterrichtsprozesses, hrsg. v. Karlheinz Ingenkamp, Weinheim/Basel 1975 (H. de la Motte-Haber)	5/76	278
Humpert, Hans Ulrich: siehe Eimert, H.		
Hunkemöller, Jürgen: W. A. Mozarts frühe Sonaten für Violine und Klavier, Bern/München 1970 (T. Kneif)	7-8/71	376
Husler, Frederick: Das vollkommene Instrument. Erweckung des Musikalischen Bewußtseins, Stuttgart 1970 (P. Nitsche)	7-8/71	373
Husmann, Heinrich: Einführung in die Musikwissenschaft, Wilhelmshaven 1975 (W. Braun)	6/77	358
Ingenkamp, Karlheinz/Parey, E., u.a.: Handbuch der Unterrichtsforschung, Weinheim/Berlin/Basel 1970 (M. Alt)	5/71	259
Irmen, Hans-Josef (Hrsg.): Tagungsbericht Internationale Musikkurse Kloster Steinfeld 1974, Steinfeld 1975 (H. de la Motte-Haber)	1/77	48
ISME-Jahrbuch, Bd. 1, englisch (1973), hrsg. v. Egon Kraus, Mainz 1974 (E. Mayer-Rosa)	4/74	263
ISME Yearbook Vol. III, 1975/76, hrsg. v. Egon Kraus, Mainz 1976 (S. Abel-Struth)	10/77	570
Jacobsen, Jens: siehe Fischer, Wilfried		
Janeček, Karel: Harmonie durch Analyse (P. Eben)	9/69	383
Jelinek, Elfriede/Zellwecker, Ferdinand/Zobl, Wilhelm (Hrsg.): Materialien zur Musiksoziologie, Wien/München 1972 (S. Borris)	6/74	461
Jenne, Michael: Musik – Kommunikation – Ideologie, Stuttgart 1977 (P. Faltin)	12/78	807
Josef, Konrad: Musikinstrumente für Behinderte, Berlin 1976 (H. Moog)	6/78	439
Jost, Ekkehard: Free Jazz. Stilkritische Untersuchungen zum Jazz der 60er Jahre, Frankfurt/M. 1974 (st.)	7-8/75	392
– Sozialpsychologische Faktoren der Popmusik-Rezeption, Mainz 1976 (F. Klausmeier)	9/77	500
Jungk, Klaus: Musik im technischen Zeitalter, Berlin 1971	10/72	483
Kälin, Paul: Musikerziehung in der Schweiz, Frankfurt/M. 1976 (P. Knill)	3/77	155
Kaiser, Rolf-Ulrich: Das Buch der neuen Pop-Musik, Düsseldorf 1969 (E. Kraus)	10/69	471
– Das Buch der neuen Pop-Musik, 2. Auflage, Düsseldorf 1970 (E. Kraus)	4/71	206
– Rockzeit-Stars. Geschäft und Geschichte der neuen Pop-Musik, Düsseldorf 1972 (E. Kraus)	11/72	545
Karbusický, Vladimir: Ideologie im Lied – Lied der Ideologie, Köln 1973 (G. Noll)	5/75	262
– Ideologie im Lied – Lied in der Ideologie, Köln 1973 (A. Mauerhofer)	7-8/76	414
– Empirische Musiksoziologie, Wiesbaden 1975 (F. Klausmeier)	12/77	710
Karkoschka, Erhard: Komponiere selbst. Ein Baukasten aus Klang-, Zeit-, Raum- und Bewegungselementen, Wien 1972 (G. Noll)	3/74	191
Karlsruher Versuche für den Musikunterricht der Grundschule, hrsg. v. Peter Fuchs, Stuttgart 1974 (G. Noll)	7-8/75	383
Kaufmann, Harald: Spurlinien. Analytische Aufsätze über Sprache und Musik, Wien 1969 (C. Dahlhaus)	9/70	395
– Fingerübungen, Wien 1970 (C. Dahlhaus)	4/71	205
Kaufmann, Walter: The Ragas of North India, Bloomington (Ind.) 1968 (M. Schneider)	9/70	397
Kemmelmeyer, Karl-Jürgen/Wehmeier, Rolf: Der Schlager. Handbuch für Unterricht und Praxis, Regensburg 1976 (W. Hahn)	4/78	285
Kerlinger, Fred N.: Grundlagen der Sozialwissenschaften, Bd. 1, Weinheim 1975 (P. Faltin)	12/76	649
Kerstien, L.: Medienkunde in der Schule, Bad Heilbrunn 1968 (M. Alt)	5/71	258
Kirchmeyer, Helmut/Schmidt, Hugo Wolfram: Aufbruch der jungen Musik – von Webern bis Stockhausen, Köln 1970 (S. Borris)	6/71	319
Kirchmeyer, Helmut: Strawinskys russische Ballette, Stuttgart 1974 (S. Borris)	1/77	49
Kirkendale, Warren: L'Aria di Fiorenza, id est il Ballo del Gran Duca, Florenz 1972 (H. Unverricht)	6/75	319
Kiss, Gabor: Einführung in die soziologischen Theorien, Opladen 1975 (P. Faltin)	3/77	157
Klein, Rudolf: Beethoven-Stätten in Österreich, Wien 1970 (H. Unverricht)	11/71	567
Kleinen, Günter/Lägel, Hartmut: Tontechnik, Montagen, Collagen. Medien im Musikunterricht, Mainz 1974 (E. Mayer-Rosa)	7-8/74	459
– Tontechnik, Montagen, Collagen. Medien im Musikunterricht, Mainz 1974 (G. Noll)	2/75	90
Kleinen, Günter/Schönhöfer, Rudolf: Beispiel Fernseh-Werbung. Visuelle und auditive Kommunikation, Boppard/Rhein 1974 (G. Noll)	10/75	530
Klinkhammer, Rudolf/Weyer, Reinhold: Musiklehrerausbildung in der BRD, Regensburg 1977 (K. H. Ehrenforth)	7-8/78	523
Klusen, Ernst: Volkslied. Fund und Erfindung, Köln 1969 (W. Suppan)	12/70	554
– Bevorzugte Liedtypen Zehn- bis Vierzehnjähriger, Köln 1971 (F. Klausmeier)	6/72	315
– Zur Situation des Singens in der Bundesrepublik Deutschland. I. Der Umgang mit dem Lied, Köln 1974 (G. Noll)	5/75	263
– s.o. (A. Mauerhofer)	7-8/76	410

– Musikverständnis ohne Notenkenntnis, Berlin 1975 (P. J. Knill) 11/77 639

Knaurs Weltgeschichte der Musik, hrsg. v. Kurt Honolka, München/Zürich 1968 (C. Dahlhaus) 10/69 470

Knaus, Jakob (Hrsg.): Sprache. Dichtung. Musik, Tübingen 1972 10/74 578

Kneif, Tibor (Hrsg.): Texte zur Musiksoziologie, Köln 1975 (F. Klausmeier) 1/77 46

Koch, Peter: Blattlesen in der Schule. Die Nü-Methode, Wien 1972 (G. Noll) 7-8/75 385

Koegler, Horst: Friedrichs Ballettlexikon, Velber 1972 (G. Marbach) 5/73 269

König, René (Hrsg.): Handbuch der empirischen Sozialforschung, Bd. 2 und 3, Stuttgart 1974 (P. Faltin) 12/76 650

Kolneder, Walter: Das Buch der Violine, Freiburg 1972 (F. v. Hausegger) 7-8/73 407

– Melodietypen bei Vivaldi, Zürich 1973 (S. Borris) 11/74 638

– Die Kunst der Fuge. Mythen des 20. Jahrhunderts, Wilhelmshaven 1977 (R. Walter) 10/77 570

Komma, Karl Michael: Die Klaviersonate As-Dur op. 110 von Ludwig van Beethoven, Stuttgart 1967 (C. Dahlhaus) 11/69 516

Korn, Peter Jona: Musikalische Umweltverschmutzung, Wiesbaden 1975 (P. Wehrle) 2/76 102

Kosnick, Heinrich: Busoni. Gestaltung durch Gestalt, Regensburg 1971 (S. Borris) 2/77 108

Kostelanetz, Richard: John Cage, Köln 1973 (K. Stockhausen) 1/74 5

Krähenbühl, Peter: Der Jazz und seine Menschen, Bern 1973 (H. Rauhe) 5/74 334

Kral/Rudlof/Teiner: Rezeptionsfähigkeit und Hörpreferenzen von Kindern der ersten und zweiten Schulstufe, Wien (G. Noll) 6/75 316

Kralik, Heinrich: Gustav Mahler, Wien 1968 (Ctw) 2/70 90

Kraus, Egon: Die Orgeln Innsbrucks, Innsbruck 1977 (H. Unverricht) 3/78 192

– (Hrsg.): Musikstudium in der BRD, Mainz 1977 (D. Zimmerschied) 2/78 126

– (Hrsg.): Bildungsziele und Bildungsinhalte des Faches Musik, Mainz 1970 (D. Gojowy) 9/72 436

Krieger, Georg: Schönbergs Werke für Klavier, Göttingen 1968 (S. Borris) 4/70 191

Krimm-von Fischer, Catherine (Hrsg.): Musikalisch-rhythmische Erziehung, Freiburg 1974 (G. Noll) 3/75 144

– Musikalisch-rhythmische Erziehung, Freiburg 1974 (L. Auerbach) 1/76 41

Kriz, Jürgen: Statistik in den Sozialwissenschaften, Reinbek 1973 (P. Faltin) 12/76 649

Kroó, György: Bartók-Handbuch, Wien 1974 (E. Kraus) 11/75 596

Kubik, Gerhard: Mehrstimmigkeit und Tonsysteme in Zentral- und Ostafrika, Wien 1968 (W. Laade) 10/69 471

Kuhnke, Klaus/Miller, Manfred/Schulze, Peter: Geschichte der Pop-Musik, Bd. 1, Lilienthal/Bremen 1976 (E. Jost) 3/77 158

Kunze, Stefan: Mozart, Sinfonie g-Moll, München 1968 (S. Borris) 12/69 578

Kusche, Ludwig: Auf musikalischen Schleichwegen, München 1968 6/69 296

Kybernetikon Fernsehen '72. Ein medienpädagogisches Modell, München 1973 (P. Brömse) 4/74 261

Lägel, Hartmut: siehe Kleinen, Günter

Landau, E.: Psychologie der Kreativität, München 1969 (M. Alt) 5/71 258

Landy, Pierre: Musique du Japon. Les Traditions musicales, Paris 1970 (R. Heinemann) 6/71 320

Lechner, Konrad: Die Kunst des Fidelspiels, Wolfenbüttel 1967/68 (G. A. Trumpff) 4/70 192

Lemke, Arno: Jacob Gottfried Weber, Mainz 1968 (G. A. Trumpff) 7-8/69 356

Lemmermann, Heinz: Musikunterricht. Hinweise-Bemerkungen/Erfahrungen-Anregungen, Bad Heilbrunn 1977 (G. Noll) 7-8/77 420

Lev, Josef: siehe Walker, Helen M.

Lexikon Pop. Ein Sachwort-Abc der Unterhaltungsmusik von Operette und Schlager bis Folk, Jazz und Rock, Wiesbaden 1977 (T. Kneif) 12/77 712

Das neue Lexikon der Pädagogik. Hrsg. Willmann-Institut, Freiburg 1971 (E. Kraus) 5/73 267

Liederkiste. Liederbuch II des „Student für Europa". Bad Soden/Ts. (W. Hahn) 1/78 62

Liess, Andrea: Die Musik des Abendlandes im geistigen Gefälle der Epochen, Wien/München (K. Schweizer) 9/70 396

– Carl Orff, Idee und Werk, 2. Aufl. Zürich/Freiburg 1977 (S. Borris) 11/77 638

Linke, Norbert: Musik zwischen Konsum und Kult, Wiesbaden 1972 (H. de la Motte-Haber) 11/74 636

– Neue Wege in der Musik der Gegenwart, Wolfenbüttel 1975 (W. Gruhn) 5/76 280

– Philosophie der Musikerziehung, Regensburg 1976 (G. Noll) 7-8/77 420

Lissa, Zofia: Aufsätze zur Musikästhetik, Berlin/Ost 1969 (D. Gojowy) 1/72 43

Longardt, Wolfgang: Musikerziehung braucht Phantasie, Essen 1968 (W. Schwarz) 2/69 93

Ludwig, Günter: Schöpferische Kräfte. Zur Genealogie des Begriffes, Mainz 1970 (S. Borris) 2/72 98

Lück, Helmut E.: siehe Eckhardt, Josef

Lüdke, Hartmut: siehe Buchhofer, Bernd

Mack, Dietrich (Hrsg.): Jugend in Bayreuth 1950–1970, Bayreuth 1970 10/70 453

Mahrenholz, Christhard: Die Orgelregister, ihre Geschichte und ihr Bau, Kassel 1968 (R. Walter) 11/69 519

Marek, Czeslaw: Lehre des Klavierspiels, Atlantis-Verlag 1972 (K. Herrmann) 9/73 488

Massialas-Zevin: Kreativität im Unterricht, Stuttgart 1969 (M. Alt) 5/71 258

Mastmann, Horst (Hrsg.): Differenzierung und Individualisierung in der Gesamtschule, Schwalbach 1971 (E. Kraus) 6/73 340

Matthes, Christiane: siehe Finkel, Klaus

Mayer-Rosa, Eugen: Musik und Technik, Wolfenbüttel 1974 (S. Borris) 11/74 636

Mecklenburg, Carl Gregor Herzog zu: International Jazz Bibliography, Strasbourg 1969 (H. Rauhe) 4/70 193

– Stilformen des Jazz I, Wien 1973 (S. Borris) 11/74 635

Meier, Ursula: siehe Berzheim, Nora

Meisterwerke der Musik, hrsg. v. E. L. Waelter, München 1969 (S. Borris) 12/69 577

Meißner, Otto/Zöpfl, Helmut (Hrsg.): Handbuch der Unterrichtspraxis, München 1974 (K.-H. Reinfandt) 4/76 213

Melkus, Eduard: Die Violine, Bern 1973 (G. Marbach) 7-8/74 461

Mendelssohn Bartholdy, Felix: Briefe aus Leipziger Archiven, Leipzig 1972 12/73 707

Menger, Reinhardt: Das Regal, Tutzing 1973 (R. Walter) 3/76 159

Menuhin, Yehudi: Sechs Violinstunden, Rüschlikon-Zürich (G. Marbach) 11/74 638

Menzel, Horst: Jugend und Reizmusik, Frankfurt 1969 (H. de la Motte-Haber) 3/70 141

Meyer, Heinz: Methodenprobleme im Musikunterricht der Sekundarstufe I, Wolfenbüttel 1975 (H. Rectanus) 7-8/78 522

Meyer-Denkmann, Gertrud: Klangexperimente und Gestaltungsversuche im Kindesalter, Wien 1970 (E. Kraus) 1/71 46

Meylan, Pierre: Arthur Honnegger, Frauenfeld 1970 (S. Borris) 10/71 500

Meylan, Raymond: Die Flöte, Kemnat 1974 (K. Behrmann) 3/75 145

Mezger, Werner: Schlager, Tübingen 1975 (W. Hahn) 7-8/78 524

Michels, Ulrich: dtv-Atlas zur Musik, Bd. 1, Kassel/München 1977 (H. Meyer) 12/77 709

Miller, Manfred: siehe Kuhnke, Klaus

Möller, Hans-Jürgen: Musik gegen Wahnsinn. Geschichte und Gegenwart musiktherapeutischer Vorstellungen, Stuttgart 1972 (D. Gojowy) 6/75 317

Moldenhauer, Hans: Der Tod Anton von Weberns, Wiesbaden 1970 (S. Borris) 1/71 47

Moles, Abraham A.: Kunst und Computer, Köln 1973 (W. M. Stroh) 7-8/74 458

Moog, Helmut: Beginn und erste Entwicklung des Musikerlebens im Kindesalter, Ratingen 1967 (H. de la Motte-Haber) 7-8/70 341

Morris, Charles W.: Pragmatische Semiotik und Handlungstheorie, Frankfurt 1977 (P. Faltin) 1/78 61

Motte, Diether de la: Musikalische Analyse, Kassel 1968 (S. Abel-Struth) 2/69 92

Motte-Haber, Helga de la (Hrsg.): Das Triviale in Literatur, Musik und bildender Kunst, Frankfurt/M. 1972 (I. Vetter) 1/74 63

– Musikpsychologie. Eine Einführung, Köln 1972 (E. Kötter) 10/76 532

Mühle, G./Schell, Chr.: Kreativität und Schule, München 1970 (M. Alt) 5/71 258

Müller, Karl-Josef: Information zu Pendereckis Lukas-Passion, München 1973 (G. Noll) 1/75 39

Müller-Blattau, Joseph: Hans Pfitzner. Lebenszweck und Schaffensernte, Frankfurt/M. 1969 (JPV) 7-8/70 342

– Goethe und die Meister der Musik, Stuttgart 1969 (S. Borris) 4/70 194

Multilingual vocabulary of educational and television terms, Stuttgart 1972 (D. Gojowy) 4/74 263

Musikalisches Erbe und Gegenwart, hrsg. v. H. Bennwitz u.a., Kassel 1975 (K.-H. Reinfandt) 10/76 531

Musikbibliographischer Dienst, Berlin 1970ff. (D. Gojowy) 10/71 502

Musikerziehung in Baden-Württemberg, hrsg. v. K. E. R. Lindemann, Karlsruhe 1977 (W. Gruhn) 5/78 357

Musik des Ostens Nr. 6, hrsg. v. Fritz Feldmann, Kassel 1971 (D. Gojowy) 9/74 522

Musik im Vorschulalter, hrsg. v. G. Noll, Regensburg 1974 (G. Noll) 3/75 144

Musik im Vorschulalter, hrsg. v. G. Noll, Regensburg 1974 (L. Auerbach) 1/76 41

Musikinstrumente aus zwei Jahrtausenden, Stuttgart (S. Borris) 10/77 567

Die Musikschule, Bd. 1–3, Mainz 1973/74 (M. Wolschke) 2/75 90

Die Musikschule Bd. 4, Mainz 1975 (W. Müller-Blech) 6/75 320

Musikstudium in der Bundesrepublik Deutschland, hrsg. v. E. Kraus, Mainz 1973 (E. Mayer-Rosa) 10/74 577

Musik und Bewegung im Elementarbereich, München 1974 (G. Noll) 3/75 144

Musik und Bewegung im Elementarbereich, München 1974 (L. Auerbach) 1/76 41

Musik und Verstehen, hrsg. v. P. Faltin u.a., Köln 1973 (G. Noll) 5/76 277

Musikunterricht auf der Grundstufe, hrsg. v. U. Günther u.a., Frankfurt 1974 (G. Noll) 7-8/75 383

Musikunterricht in der Grundschule II. Analyse der Richtlinien, hrsg. v. Willi Gundlach, Frankfurt a.M. 1977 (G. Noll) 12/78 805

Natale, Marco de: Strutture e Forme della Musica come Processi Simbolici. Lineamenti di una teoria analitica, Neapel 1978 11/78 737

Nettl, Bruno/Foltin, Bella: Daramad of Chahargah, Detroit 1972 (F. Bose) 12/72 597

Neues Pädagogisches Lexikon. Hrsg. H.-H. Groothoff u.a., Stuttgart 1971 (E. Kraus) 5/73 267

Neuhäuser, Meinolf: Musikalische Früherziehung, Frankfurt/M. 1971 (G. Noll) 9/73 487

– Neues Spielmaterial für die Schule, Frankfurt/M. 1975 (G. Noll) 7-8/75 385

Neumann, Friedrich: Die Tonverwandtschaften, Wien 1973 (S. Borris) 12/74 693

Nichols, Roger: Messiaen, London 1975 (E. Mayer-Rosa) 2/76 100

Nickel, Heinz: Beitrag zur Entwicklung der Gitarre in Europa, Haimhausen 1972 (G. Marbach) 11/74 637

Nickel, Horst: Entwicklungspsychologie des Kindes- und Jugendalters, Bern 1975 (H. de la Motte-Haber) 11/76 588

Nicklis, Werner S.: Handwörterbuch der Schulpädagogik, Bad Heilbrunn 1973 (K.-H. Reinfandt) 4/76 212

Nösselt, Volker: Relationen zwischen Audioperzeption und akustischem Geschehen, Gent 1971 (H. Eggeling) 10/72 482

Nolte, Eckard: Lehrpläne und Richtlinien für den schulischen Musikunterricht in Deutschland vom

Beginn des 19. Jahrh. bis in die Gegenwart, Mainz 1975 (G. Noll) 6/75 317
— Lehrpläne und Richtlinien für den schulischen Musikunterricht in Deutschland vom Beginn des 19. Jahrh. bis in die Gegenwart, Mainz 1975 (D. Zimmerschied) 9/75 461
Nordoff, Paul/Robbins, Clive: Musikalische Therapie für behinderte Kinder, Stuttgart 1975 (H. de la Motte-Haber) 12/75 642
Nordwall, Ove: György Ligeti, Mainz 1971 (S. Borris) 5/72 257
Nykrin, Rudolf: Rahmencurriculum Musikerziehung unter besonderer Berücksichtigung der Bielefelder Laborschule, Stuttgart 1971 (G. Noll) 10/75 531
Opp, Karl-Dieter: Verhaltenstheoretische Soziologie, Reinbek 1972 (P. Faltin) 6/76 335
Orff, Carl: Das Bühnenwerk, München 1970 12/70 555
— Bairisches Welttheater, München (S. Borris) 12/72 598
— und sein Werk. Bd. 1 Erinnerungen. W. Thomas: Der Weg zum Werk, Tutzing 1975 (I. Hermann) 7-8/75 386
— und sein Werk. Bd. 3 Schulwerk — Elementare Musik (H. Schneider), Tutzing 1976 (E. Werdin) 5/77 300
Orff, Gertrud: Die Orff-Musiktherapie, München 1974 (H. de la Motte-Haber) 7-8/75 386
Organa austriaca: Orientalische Musik, Handbuch, 1. Abt., Ergänzungsband, Leiden 1970 (F. Bose) 9/72 439
— Bd. 1, hrsg. v. R. Scholz, Wien 1976 (R. Walter) 11/77 641
Overhoff, Kurt: Die Musica Nova und ihre Problematik, Salzburg 1969 (S. Borris) 9/70 395
Palmer, Tony: All you need is love, München 1977 (T. Kneif) 5/78 357
Pape, Winfried: Musikkonsum und Musikunterricht, Düsseldorf 1974 (G. Noll) 6/75 316
Paynter, John/Aston, Peter: Klang und Ausdruck, Modelle einer schöpferischen Schulmusikpraxis, Wien 1972 (G. Noll) 9/73 489
Pearlman, Alan: siehe Friend, David
Petzold, Richard: Heinrich Schütz und seine Zeit in Bildern, Kassel 1972 (-d) 3/72 150
Piaget, Jean: Die Bildung des Zeitbegriffs beim Kinde, Frankfurt 1974 (H. de la Motte-Haber) 9/76 473
Piersig, Johannes: Das Fortschrittsproblem in der Musik um die Jahrhundertwende, Regensburg 1977 (J. Dorfmüller) 6/78 442
Pigott, Thomas D.: siehe Friend, David
Planyavsky, Alfred: Geschichte des Kontrabasses, Tutzing 1970 (H. Sievers) 12/72 598
Ploebsch, Gerd: Alban Bergs Wozzeck. Dramaturgie und musikalischer Aufbau, Baden-Baden 1968 (S. Borris) 12/70 555
Prowaznik, Bruno: Die Schallplatte in der Musikerziehung, Wien 1973 (G. Noll) 2/75 90
Puchelt, Gerhard: Verlorene Klänge, Studien zur deutschen Klaviermusik 1830—1880, Berlin 1969 (B.) 6/70 293
Quellentexte zur Musikpädagogik, hrsg. v. W. Heise u.a., Regensburg 1973 (H. Antholz) 6/76 336
Quistorp, Monika: Die Gehörbildung — Das Kernfach musikalischer Erziehung, Wiesbaden 1970 (G. Noll) 6/73 340
— Die Gehörbildung — Das Kernfach musikalischer Erziehung, Wiesbaden 1970 (W. Martin) 12/73 708
Rader, Wendelin: siehe Eschbach, Achim
Ramseyer, Urs: Soziale Bezüge des Musizierens in Naturvolkkulturen, Bern 1970 (W. Suppan) 4/72 210
Rapin, Jean-Jacques: Schlüssel zur Musik, Zürich 1975 (G. Noll) 7-8/76 409
Ratz, Erwin: Einführung in die musikalische Formenlehre, Wien 1968 (S. Borris) 11/69 516
Rauchhaupt, Ursula von (Hrsg.): Die Welt der Symphonie, Hamburg 1972 (E. Kraus) 12/73 705
Rauh, Christoph: siehe Hübner, H.
Rauhe, Hermann: Popularität in der Musik, Karlsruhe 1974 (S. Borris) 9/75 461
— /Reinecke, Hans-Peter/Ribke, Wilfried: Hören und Verstehen, München 1975 (G. Noll) 5/76 277
— /Reinecke, Hans-Peter/Ribke, Wilfried: Hören und Verstehen, München 1975 (H. de la Motte-Haber) 12/75 651
Rebling, Eberhard: Tanz der Völker, Wilhelmshaven 1972 (F. Bose) 10/73 560
Rebscher, Georg: Materialien zum Unterricht in Popularmusik, Wiesbaden 1973 (A. Kadelbach) 11/74 634
— Natur in der Musik, Wiesbaden 1976 (G. Noll) 9/77 498
Rectanus, Hans (Hrsg.): Neue Ansätze im Musikunterricht, Stuttgart 1972 (E. Kraus) 4/73 209
Reich, Willi: Schönberg oder Der konservative Revolutionär, Wien 1968 (H. Kaufmann) 2/69 91
Reinecke, Hans-Peter: siehe Rauhe, H.
Reinhard, Kurt: Einführung in die Musikethnologie, Wolfenbüttel 1968 (W. Laade) 11/69 518
— Chinesische Musik, Kassel (E. Kraus) 10/73 559
Reinhardt, Friedrich: siehe Spiess, G.
Reinert, Gerd-Bodo/Arnold, Marlies Ch.: Das darstellende Spiel in der Schule, München 1976 (G. Noll) 5/77 299
Renner, Hans: Oper-Operette-Musical, München 1969 10/70 453
Resonanzen 1975 (B. Tetzner), Remscheid (G. Noll) 4/77 231
Revers, Wilhelm Josef: Das Musikerlebnis, Wien 1970 (H. de la Motte-Haber) 12/71 625
— /Harrer, G./Simon, W. C.: Neue Wege der Musiktherapie, Düsseldorf 1974 (H. de la Motte-Haber) 11/75 595
Ribke, Wilfried: siehe Rauhe, H.
Richter, Christoph: Musik als Spiel, Wolfenbüttel 1975 (G. Noll) 10/75 531
— Musik als Spiel, Wolfenbüttel 1975 (P. Faltin) 7-8/76 412
— Theorie und Praxis der Didaktischen Interpretation von Musik, Frankfurt/M. 1976 (G. Noll) 7-8/77 420
Richter, Manfred: Aktive Musiktherapie in Gruppen, Stuttgart 1977 (H. de la Motte-Haber) 6/78 440
Rieger, Eva: Schulmusikerziehung in der DDR, Frankfurt 1977 (S. Borris) 6/78 442
Riemann Musiklexikon. Ergänzungsband A-K und L—Z, hrsg. v. C. Dahlhaus, Mainz 1972/75 (H. de la Motte-Haber) 6/77 359
Riesch, Anneliese: Lebendige Stimme, Mainz 1972 (P. Nitsche) 6/72 316

RILM (Répertoire International de Littérature Musicale), Kassel (S. Krappe) 4/70 193
Ringer, Alexander R.: Yearbook of the International Folk Music Council, Urbana 1971 (E. Kraus) 10/73 559
Ritzel, Fred: Musik für ein Haus, Mainz 1970 (D. Gojowy) 10/72 483
Robbins Landon, H. C.: Beethoven. Sein Leben und seine Welt in zeitgenössischen Bildern und Texten, Zürich 1970 (H. Unverricht) 4/71 206
Robbins, Clive: siehe Nordoff, P.
Rock, C. V.: Geld verdienen mit Musik, Düsseldorf 1973 (S. Borris) 1/77 49
Rock-Lexikon. Hrsg.: Schmidt-Joos, S. u. Graves, B., rororo-Handbuch 1973 (H. Rauhe) 5/74 333
Rövenstrunck, Bernhard/Wiedemann, Georg: Die Musik. Ein Schlüssel zum Verständnis musikalischer Ereignisse, Stuttgart 1968 (H. H.) 11/69 519
Rogge, Wolfgang: Ernst Kreneks Opern, Wolfenbüttel/Hamburg 1970 (S. Borris) 7-8/71 375
Rohrer, Hermann Gerhard: Musikalische Stilanalyse auf der Grundlage eines Modelles für Lernprozesse, Berlin 1971 (S. Borris) 11/71 567
Roscher, Wolfgang (Hrsg.): Polyästhetische Erziehung, Köln 1976 (G. Noll) 5/77 300
Rosenthal, Harold/Warrack, John: Friedrichs Opernlexikon, Velber 1969 (C. Dahlhaus) 7-8/70 342
Rossi-Landi, Ferruccio: Semiotik, Ästhetik und Ideologie, München 1976 (P. Faltin) 1/78 61
Roth, Heinrich (Hrsg.): Begabung und Lernen, Stuttgart 1968 (W. Twittenhoff) 7-8/69 354
Rüegg, Walter (Hrsg.): Kulturkritik und Jugendkult (19. Jahrh.), Frankfurt/M. (E. Kraus) 10/75 531
Rubeli, Alfred: Paul Hindemiths A-cappella-Werke, Mainz 1975 (S. Borris) 12/77 711
Rudlof, Karl-Heinz: siehe Kral, W.
Rufer, Josef: Das Werk Arnold Schönbergs, Kassel 1974 (S. Borris) 10/74 576
Runze, Klaus: Zwei Hände – Zwölf Tasten, Mainz 1971 (S. Schutte) 7-8/72 355
– Band II: Spiel mit Noten, Mainz 1973 (F. Emonts) 1/76 43
Ruppel, K. H.: Große Stunden der Musik. Oper-Ballett-Konzert, München (I. Hermann) 3/78 193
Saam, Josef: Das Bassethorn, Mainz 1972 (H. Sievers) 12/72 597
Sabel, Hans: Musikunterricht konkret. Informationen-Anregungen-Modelle für die Sekundarstufe I, Frankfurt 1976 (G. Noll) 9/77 497
Salmen, Walter: Haus- und Kammermusik, Leipzig 1970 3/71 151
Sams, Eric: The Songs of Robert Schumann, London 3/72 149
Sannemüller, Gerd: Der Plöner Musiktag, Neumünster 1976 (K.-H. Reinfandt) 7-8/78 523
Sass, Herbert (Hrsg.): Musikberufe und ihr Nachwuchs II, Statistiken des deutschen Musikrates, Mainz 1968 (E. Kraus u.a.) 1/69 6
Schaal, Richard: Fremdwörterlexikon der Musik. Englisch-Französisch-Italienisch, Wilhelmshaven 1970 (D. Gojowy) 1/71 47
– Führer durch deutsche Musikbibliotheken, Wilhelmshaven 1971 (D. Gojowy) 6/72 317
Schäfer, Walter Erich: Wieland Wagner. Persönlichkeit und Leistung, Tübingen 1970 9/70 395
Schäfer, Ernst: Laudatio organi, Leipzig 1972 (R. Walter) 3/73 150
Schaefer, Hansjürgen (Hrsg.): Konzertbuch für Orchestermusik, Leipzig 1972 9/74 524
Schaeffer, Pierre: Musique concrète, Stuttgart 1974 (E. Mayer-Rosa) 5/75 263
Schaper, Heinz-Christian: Tonsatzlehre in der Grundschule, Ismaning 1971 (S. Borris) 2/73 96
Schattner, H. J.: Musikunterricht in der Grundschule, München 1968 (S. Abel-Struth) 5/69 252
Scheck, Gustav: Die Flöte und ihre Musik, Mainz 1976 (H.-M. Linde) 9/76 472
Scheuerl, Hans (Hrsg.): Erziehungswissenschaft – Bildungspolitik – Schulreform, Weinheim 1971 (E. Kraus) 9/71 444
Schibler, Armin: Vokale Kollektivimprovisation, Zürich 1976 (G. Noll) 5/77 300
Schmidt, Christian-Martin: Brennpunkte der Neuen Musik, Köln 1977 (W. Gruhn) 6/78 441
Schmidt, Hans-Christian: Jugend und neue Musik, Köln 1975 (K.-J. Müller) 3/76 158
– (Hrsg.): Musik in den Massenmedien Rundfunk und Fernsehen. Perspektiven und Materialien, Mainz 1976 (F. Klausmeier) 12/77 711
Schmidt, Hugo Wolfram: Carl Orff. Sein Leben und sein Werk in Wort, Bild und Noten, Köln 1971 (S. Borris) 11/71 567
– siehe Pütz, E.
Schmidt, Siegfried J.: Pragmatik, München 1974 (P. Faltin) 1/78 61
Schmidt(-Brunner), Wolfgang: Gestalt und Funktion rhythmischer Phänomene in der Musik Arnold Schönbergs, Wilhelming 1973 (W. M. Stroh) 10/74 575
– Musikdidaktik in der Lehrerausbildung, München 1974 (P. Koch) 12/74 691
– siehe Gundlach, W.
Schmidtbauer, Wolfgang: Sensitivitätstraining und analytische Gruppendynamik, München 1973 (H. de la Motte-Haber) 3/74 190
Schmidt-Görg, Josef (Hrsg.): Ludwig van Beethoven, eine Monographie, Braunschweig 1969 (P. Koch) 2/71 98
Schnebel, Dieter: MO-NO. Musik zum Lesen, Köln 1969 (C. Gottwald) 3/70 140
– Mauricio Kagel. Musik-Theater-Film, Köln 1970 (E. Kraus) 11/71 567
Schneider, Marius: Außereuropäische Folklore und Kunstmusik, Köln (S. Borris) 4/76 214
Schönberg, Arnold: Berliner Tagebuch, hrsg. v. J. Rufer, Berlin 1974 (S. Borris) 1/75 40
Schönfelder, Gerd: Die Musik der Peking-Oper, Leipzig 1972 (F. Bose) 10/73 559
Schönhofer, Rudolf: siehe Kleinen, G.
Schoch, Rudolf: siehe Forrer, F.
Scholz, Gottfried: Die Instrumental- und Gesangslehrerausbildung in Europa, Wien 1970 (E. Kraus) 3/71 152

Schüler, Winfried: Der Bayreuther Kreis von seiner Entstehung bis zum Ausgang der wilhelminischen Ära, Münster 1971	1/73	38
Schuhmacher, Gerhard: Einführung in die Musikästhetik, Wilhelmshaven 1975 (S. Borris)	9/76	473
Schule ohne Musik. Musik und Musikunterricht in der Bildungsplanung. Vorträge der 11. Bundesschulmusikwoche in Düsseldorf 1976, Mainz 1976 (W. Schmidt-Brunner)	12/77	708
Schulfach Musik, hrsg. v. R. Stephan, Mainz 1976 (G. Noll)	6/78	440
Schulprojekt der Universität Bielefeld, Heft 13, Stuttgart 1975 (G. Noll)	9/76	472
Schulz, Martin: siehe Fischer, W.		
Schulze, Peter: siehe Kuhnke, K.		
Schulze, Winfried: Soziologie und Geschichtswissenschaften, München 1974 (P. Faltin)	6/76	334
Schumann, Otto: Handbuch der Opern, Wilhelmshaven 1972	4/72	209
Schwab, Heinrich W.: Konzert. Öffentliche Darbietungen vom 17. bis 19. Jahrhundert, Leipzig 1972 (G. Marbach)	6/74	398
Schwarz, Boris: Music and Musical Life in Soviet Russia 1917–1970, London 1972 (D. Gojowy)	5/73	268
Schwarz, Peter: Studien zur Orgelmusik Franz Liszts, München 1973 (R. Walter)	10/76	532
Seifert, Helmut: Sprache heute, München 1977 (P. Faltin)	1/78	61
Sendrey, Alfred: Musik in Alt-Israel, Leipzig 1970 (S. Borris)	10/73	560
Sievers, H. H.: Musica curiosa, Tutzing 1971	11/72	546
Sievritts, Manfred: Neue Musik im Kurssystem der Oberstufe, Frankfurt/M. 1976 (G. Noll)	9/76	472
Silbermann, Alphons: Empirische Kunstsoziologie, Stuttgart 1973 (P. Faltin)	2/77	108
Simon, W. C.: siehe Revers, W. J.		
Sittner, Hans: Musikerziehung zwischen Theorie und Therapie, Wien 1974 (G. Noll)	11/75	594
– Beethoven-Almanach, Wien 1971 (S. Borris)	9/72	440
Smend, Friedrich: Bach-Studien. Gesammelte Reden und Aufsätze. Festschrift, hrsg. v. C. Wolff, Kassel 1969 (D. Gojowy)	3/71	150
Smolle, Kurt: Wohnstätten Ludwig van Beethovens von 1792 bis zu seinem Tod, München 1970 (H. Unverricht)	11/71	567
Sowa, Georg: Anfänge institutioneller Musikerziehung in Deutschland 1800–1843, Regensburg 1973 (P. Brömse)	5/76	279
Speck, J./Wehle, G.: Handbuch pädagogischer Grundbegriffe, München 1970 (M. Alt)	5/71	257
Stäblein, Bruno: Schriftbild der einstimmigen Musik, Leipzig 1975 (R. Stephan)	4/78	286
Stahmer, Klaus: siehe Ulsamer, J.		
Steinbeck, Dietrich (Hrsg.): Internationales Musiktheater-Colloquium, Berlin 1977 (S. Borris)	3/78	193
Steiner, Adolf A.: Massenmedien in Unterricht und Erziehung, Frankfurt/M. 1969 (M. Alt)	5/71	258
Steiner, Lucie: Rhythmisch-musische Erziehung, Neuhausen 1975/76 (G. Noll)	4/77	230
Stephan, Rudolf (Hrsg.): Zwischen Tradition und Fortschritt – Über das musikalische Geschichtsbewußtsein, Mainz 1973 (S. Borris)	11/74	639
– siehe Bruhn, K.		
– (Hrsg.): Über Musik und Sprache, Mainz 1974 (S. Borris)	11/75	595
– Über Musik und Kritik, Mainz 1971 (K. Stahmer)	9/72	438
Stiefel, Eberhard: Kreativität und Musikpädagogik, Kastellaun 1976 (H. de la Motte-Haber)	9/77	500
Stoverock, Dietrich: Zwei Ballette: Der Feuervogel von Igor Strawinsky und Hamlet von Boris Blacher, Berlin 1969 (H. Hüschen)	10/70	501
– Die Fledermaus von Johann Strauß, Berlin 1973 (J. Kramarz)	5/74	334
Strawinsky, Igor: Phonographie, Frankfurt/M. 1972 (-ch)	11/72	546
– Erinnerungen und Gespräche v. R. Craft, Frankfurt/M. 1972 (S. Borris)	5/72	269
Stroh, Wolfgang Martin: Anton Webern. Historische Legitimation als kompositorisches Problem, Göppingen 1973 (S. Borris)	1/75	40
– Webern, Symphonie op. 21 in Meisterwerke der Musik, München 1975 (S. Borris)	2/76	100
Stuckenschmidt, H. H.: Schönberg – Leben, Umwelt, Werk, Zürich 1974 (S. Borris)	10/74	574
Studien zur Wertungsforschung. Heft 2, hrsg. v. H. Kaufmann, Graz 1969 (S. Borris)	11/69	518
Stumme, Wolfgang: Unser Kind geht zur Musikschule, Mainz 1976 (H. W. Köneke)	12/76	650
Suppan, Wolfgang (Hrsg.): Lexikon des Blasmusikwesens, Freiburg 1973 (E. Kraus)	2/75	92
Suzuki, Shinichi: Erziehung ist Liebe, Hallaar/Belgien 1975 (I. Hermann)	3/78	192
Szabolcsi, Bence: Bartók, sa vie et son œuvre, Boosey & Hawkes 1968 (S. Borris)	7-8/70	340
– (Hrsg.): Béla Bartók, Weg und Werk, Kassel 1972 (S. Borris)	4/73	210
– Geschichte der ungarischen Musik, Kassel 1974 (S. Borris)	7-8/77	421
Szönyi, Erzsebet: Aspekte der Kodály-Methode, Frankfurt/M. 1973 (G. Noll)	7-8/75	385
Taubert, Karl Heinz: Höfische Tänze, Mainz 1968 (S. Borris)	5/69	252
Teaching Abroad, Hrsg. UNESCO (E. Kraus)	1/71	48
Teiner, Manfred: siehe Kral, W.		
Themelis, Dimitris: Etude ou Caprice, München 1967 (C. Dahlhaus)	2/70	90
Thomas, Claus/Thomas, Werner: Materialien zur Musiktherapie, Amriswiler Bücherei 1976 (H. de la Motte-Haber)	11/77	637
Thomas, Franz: belcanto. Die Lehre des Kunstgesangs nach der alt-italienischen Schule, Berlin 1969 (G. Baum)	11/70	506
Thomas, Werner: Musica Poetica. Gestalt und Funktion des Orff-Schulwerks, Tutzing 1977 (H. W. Köneke)	9/78	609
Thompson, Kenneth: A Dictionary of 20th century composers, London 1973	7-8/73	409

Thurn, Hans-Peter: Soziologie der Kunst, Stuttgart 1973 (P. Faltin) 6/76 335
Trabant, Jürgen: Elemente der Semiotik, München 1976 (P. Faltin) 1/78 60
Tschache, Helmut: Lieder und Volksmusik aus der Tschechoslowakei. Materialien für den Musikunterricht in den Sekundarstufen, Mainz 1978 (W. Fischer) 12/78 808
Tschaikowsky, Pjotr Iljitsch: Systematisches Verzeichnis der Werke, Hamburg 1973 (D. Gojowy) 7-8/75 389
Twittenhoff, Wilhelm: Musikalische Bildung, Mainz 1972 (G. Waldmann) 12/72 599
Uhde, Jürgen: Beethovens Klaviermusik I, Stuttgart 1968 (K. Herrmann) 1/69 43
– II und III, Stuttgart 1970/74 (K. Herrmann) 6/75 320
Ujfalussy, Jozsef: Béla Bartók, Budapest (S. Borris) 11/77 640
Ulmann, Gisela: Kreativität, Weinheim 1968 (E. Kraus) 9/69 405
– Kreativitätsforschung, Köln 1973 (H. de la Motte-Haber) 6/75 318
Ulsamer, Josef/Stahmer, Klaus: Musikalisches Tafelkonfekt, Würzburg 1973 3/74 191
Valentin, Erich/Hofmann, F.: Die evangelische Kirchenmusik, Regensburg (R. Walter) 7-8/69 357
– (Hrsg.): Die schönsten Mozart-Briefe, München 1972 (S. Borris) 3/73 150
Veit, Ivar: Technische Akustik, Würzburg 1974 (G. Kleinen) 12/74 693
Vernekohl, Eugen J.: Steuerfibel 1974 speziell für Pädagogen, Frankfurt/M. 1973 (E. Kraus) 4/74 261
Vetter, Hans-J.: Die Musik unseres Jahrhunderts, Mainz 1968 (S. Borris) 1/69 43
Viera, Joe: Grundlagen der Jazz-Harmonik, Wien 1970 (D. Glawischnig) 12/71 626
Völkl, Hubert: siehe Handerer, H.
Vogelsänger, Siegfried: Musik als Unterrichtsgegenstand der Allgemeinbildenden Schule, Mainz 1970 (H. de la Motte-Haber) 10/70 452
Wagner, Richard: Sämtliche Werke, Bd. 30 (hrsg. v. M. Geck u. E. Voss), Mainz 1970 (S. Borris) 10/70 452
– Die Musikdramen, Hamburg 1971 (C. Dahlhaus) 11/71 567
– Ausgewählte Schriften, hrsg. v. D. Mack, Frankfurt 1974 (S. Borris) 2/76 101
Wagners Werk in Bayreuth, hrsg. v. H. Barth u.a., München 1973 (S. Borris) 7-8/75 389
Wagner, Robert: Untersuchungen zur Entwicklung der Musikalität. Ein Musikleistungstest, München 1970 (H. de la Motte-Haber) 2/71 97
Walker, Helen M./Lev, Joseph: Statistische Methoden für Psychologen, Soziologen und Pädagogen, Weinheim 1975 (P. Faltin) 12/76 650
Walther, Elisabeth: Allgemeine Zeichenlehre, Stuttgart 1974 (P. Faltin) 1/78 60
Warner, Theodor: Das Undurchhörbare, Stuttgart 1969 (H. de la Motte-Haber) 2/70 91
Warnke, Krista: Experimentelle Untersuchungen zum Tonhöhendruck, Köln 1976 (H. de la Motte-Haber) 12/77 710
Weber, Max: Die rationalen und soziologischen Grundlagen der Musik, Tübingen 1972 (T. Kneif) 3/73 148
Wehinger, Rainer: Hörpartitur zu Ligetis „Artikulation", Mainz 1970 (E. Karkoschka) 5/72 221
Wehler, Hans-Ulrich: Geschichte als historische Sozialwissenschaft, Frankfurt 1973 (P. Faltin) 6/76 334
Wehmeyer, Grete: Erik Satie, Regensburg 1974 (S. Borris) 3/76 159
– Edgard Varèse, Regensburg 1977 (S. Borris) 7-8/78 524
Weill, Kurt: Über Kurt Weill, hrsg. v. D. Drew (S. Borris) 11/76 588
Weiß, Johannes: Max Webers Grundlegung der Soziologie, München 1975 (P. Faltin) 9/77 501
Weiß, Karlheinz: Musikpraktikum für die musikalische Grundausbildung bis zum 5. Schuljahr aller Schularten, Wolfenbüttel (G. Noll) 7-8/75 383
Wellek, Albert: Das absolute Gehör und seine Typen, Bern 1970 (H. de la Motte-Haber) 7-8/71 374
– Typologie der Musikbegabung im deutschen Volke, München 1970 (H. de la Motte-Haber) 7-8/71 374
Weltausstellungen im 19. Jahrhundert, München 1973 (G. Marbach) 6/74 398
Werbik, Hans: Informationsgehalt und emotionale Wirkung von Musik, Mainz 1971 (H. de la Motte-Haber) 12/72 596
Wessling, Berndt W.: Franz Liszt – Ein virtuoses Leben, München 1973 (C. Dahlhaus) 6/74 397
Westermann Arbeitstransparentserie (E. Meier), Braunschweig (G. Noll) 9/75 461
Weston, Pamela: Clarinet Virtuosi of the past, London 1971 (P. Schnaus) 6/74 397
Westphal, Kurt: Der Begriff der musikalischen Form in der Wiener Klassik, Giebing 1971 (T. Kneif) 11/72 543
– Genie und Talent in der Musik, Regensburg 1977 (S. Borris) 5/78 357
White, Eric Walter: Stravinsky. The Composer and his works, London 1966 (C. Dahlhaus) 5/70 238
Wiechell, Dörte: Didaktik und Methodik der Popmusik, Frankfurt/M. 1975 (G. Noll) 10/75 531
– Musikalisches Verhalten Jugendlicher, Frankfurt/M. 1977 (G. Noll) 11/77 635
Wiesand, Andreas Johannes: siehe Fohrbeck, K.
Willms, Harm: Musiktherapie bei psychotischen Erkrankungen, Stuttgart 1975 (H. de la Motte-Haber) 12/75 643
– (Hrsg.): Musik und Entspannung, Stuttgart 1977 (H. de la Motte-Haber) 11/77 635
Wiora, Walter: Das deutsche Lied, Wolfenbüttel 1971 (E. Kraus) 12/71 624
– Ergebnisse und Aufgaben vergleichender Musikforschung, Darmstadt 1975 (W. Heimann) 10/76 530
– siehe Gosebruch, M.
Wörner, K. H.: Das Zeitalter der thematischen Prozesse in der Geschichte der Musik, Regensburg 1969 (F. Eberth) 11/70 505
– Geschichte der Musik, Göttingen 1972 (F. E.) 11/72 544
Wörterbuch der Schulpädagogik, Freiburg 1974 (K.-H. Reinfandt) 4/76 211
Wohnhaas, Theodor: siehe Fischer, H.
Wolf, Erich: Die Lehre vom Kontrapunkt, Wiesbaden 1969 (S. Borris) 10/69 470

– Die Musikausbildung II und III, Wiesbaden 1969/72 (S. Borris) 12/72 599
Wolf, Otto: siehe Handerer, H.
Wolff, Hellmuth Christian: Oper. Szene und Darstellung von 1600 bis 1900, Leipzig 1971 (S. Borris) 3/72 149
Woll, Erna/Tenne, Arno/Höhnen, Heinz: Einführung in das Notenhören, Frankfurt/M. 1971 (G. Noll) 7-8/73 408
Wolschke, Martin: Elementare Dirigierlehre, Mainz 1968 (H. Sievers) 7-8/69 357
Wolters, Christian: siehe Gosebruch, M.
Wolters, Klaus: Handbuch der Klavierliteratur zu zwei Händen, Zürich 1967 (K. Herrmann) 2/69 93
Wucher, Diethard/Twittenhoff, Wilhelm: Programm Musikalische Früherziehung, Regensburg 1970 (S. Schulte) 7-8/72 355
Wulf, Christoph (Hrsg.): Wörterbuch der Erziehung, München 1974 (K.-H. Reinfandt) 4/76 212
Zaminer, Frieder (Hrsg.): Über Musiktheorie. Referate der Arbeitstagung 1970 in Berlin, Köln 1970 (T. Kneif) 4/71 204
Zellwecker, Ferdinand: siehe Jelinek, E.
Zentner, Wilhelm/Würz, Anton (Hrsg.): Reclams Opern- und Operettenführer, Stuttgart 1969 4/71 205
Ziegler, Jürgen: Kommunikation als paradoxer Mythos, Weinheim 1977 (H. de la Motte-Haber) 10/78 672
Zieliński, Tadeusz A.: Bartók, Zürich 1973 (E. Mayer-Rosa) 5/74 335
Zimmermann, Bernd Alois: Intervall und Zeit, Mainz 1974 (S. Borris) 6/75 319
Zimmerschied, Dieter: Gesucht: das Volkslied, Karlsruhe 1971 (E. Kraus) 7-8/71 373
– Beat-Background-Beethoven, Frankfurt/M. 1971 (E. Kraus) 2/72 98
– (Hrsg.): Perspektiven Neuer Musik, Mainz 1974 (K. H. Ehrenfort) 10/74 576
– (Hrsg.): Perspektiven Neuer Musik, Mainz 1974 (G. Noll) 1/75 39
Zingel, Hans Joachim: König Davids Harfe in der abendländischen Kunst, Köln 1968 (G. Marbach) 7-8/69 356
Zobl, Wilhelm: siehe Jelinek, E.
Zöpfl, Helmut (Hrsg.): siehe Meißner, O.
Zulauf, Max: Das Volkslied in der Schweiz im 19. Jahrhundert, Bern 1972 (W. Suppan) 3/73 150

V,2 Schulbücher

Hören und Gestalten 1. Ein Arbeitsbuch für die Musikerziehung – 5. Schulstufe v. P. Altmann u.a., Wien 1975 (G. Noll) 7-8/76 409
Klang und Zeichen. Lehrerhandbuch Bd. 1 – Grundschule, hrsg. v. B. Hölscher u.a., Düsseldorf 1974 (G. Noll) 7-8/75 383
– Bd. 2, Musiklehrbuch für die Sekundarstufe I, Klasse 5–8, hrsg. v. B. Hölscher u.a., Düsseldorf 1975 (G. Noll) 9/75 460
– 5 Beispielplatten zum Musiklehrbuch für die Sekundarstufe I, hrsg. v. B. Hölscher u.a., Düsseldorf 1976 (G. Noll) 9/77 498
– Sekundarstufe II, B. Graßmann, Düsseldorf 1978 (Chr. Richter) 9/78 606
Lehrbuch der Musik. H. Hopf u.a., Wolfenbüttel 1970/72 (S. Borris) 1/73 37
Liedermagazin. W. Breckhoff u.a., Kassel 1975 (G. Noll) 9/75 460
Musik aktuell. W. Breckhoff u.a., Kassel 1971 (P. Wehrle, S. Borris) 3/72 147
Musikbuch. Primarstufe, B. W. Breckhoff u.a., Hannover 1975 (G. Noll) 6/77 357
Musik im Leben. Bd. 1, J. Heer u.a., Frankfurt/M. 1973 (G. Noll) 9/74 523
Musik um uns. 7.–10. Schuljahr, B. Binkowski, Stuttgart 1975 (G. Noll) 9/75 460
– 7.–10. Schuljahr, B. Binkowski, Stuttgart 1975 (G. Noll) 7-8/76 408
– Klangbeispiele, B. Binkowski, Stuttgart 1976 (G. Noll) 9/77 498
Palette. W. Kral, Wien 1976 (S. Vogelsänger) 10/77 568
Resonanzen. Sekundarstufe I, Bd. 2, N. Neuhäuser u.a., Frankfurt/M. 1975 (G. Noll) 7-8/76 408
Sequenzen (Musik – Sekundarstufe I. Information 1, Arbeitsbuch 1, Arbeitskarten, Tonbeispiele), hrsg. von der Arbeitsgemeinschaft Curriculum Musik mit R. Frisius u.a., Stuttgart 1971 (P. Wehrle) 1/73 36
– Kritik von U. Günther 9/73 480
– Replik von P. Wehrle 9/73 484
– Erfahrungen mit dem Musikbuch „Sequenzen" in einer Quarta (G. Henneberg) 12/73 685
Sequenzen (Musik – Sekundarstufe I, 2. Folge), Hrsg. s. oben, Stuttgart 1976 (G. Noll) 7-8/76 408
– dazu Arbeitsbuch 5/6 und Lehrerheft, Hrsg. s. oben, Stuttgart 1976 (G. Noll) 9/77 497
Ton und Taste. R. Schließ u.a., Paderborn 1975 (G. Noll) 7-8/76 409
Unser Musikbuch für die Grundschule Dudelsack. P. Fuchs u.a., Stuttgart 1976 (G. Noll) 6/77 358
Ein Weg zur Musik. L. Rinderer, Innsbruck 1974 (E. Mayer-Rosa) 4/75 196
Wege zur Musik. G. Spies u.a., Stuttgart 1974 (G. Noll) 7-8/75 383

VI Bibliographien und Heft-Themen

VI,1 Bibliographie — Diskographie

Ästhetik-Musikästhetik-Ästhetische Erziehung (I) (E. Kraus)	11/72	537
Ästhetik, Ästhetische Erziehung (II) (E. Kraus)	1/73	30
Außereuropäische Musik. Aufsätze in Musik und Bildung	10/73	534
Ballett – Tanz	12/71	604
Bartók, Béla (E. Kraus)	10/71	494
Berg, Alban (E. Kraus)	3/73	142
Blasinstrumente (H.-P. Schmitz)	12/70	547
Curriculum, S II (E. Kraus)	4/74	246
Didaktische Theorie und Unterrichtspraxis (E. Kraus)	12/74	686
Die mathematischen und physikalischen Grundlagen der Musik. Informationstheorie-Kybernetik-Computer und Musik (E. Kraus)	10/72	475
Elektronische Musik und Technik (E. Kraus)	7-8/74	454
Früherziehung, Grundschule (E. Kraus)	3/74	181
Gesamtschule – Musik in der Gesamtschule (E. Kraus)	11/71	425
Hindemith, Paul (E. Kraus)	5/71	249
Hindemith, Paul (E. Kraus)	6/74	381
Henze, Hans Werner	2/78	111
Improvisation in Musik und Musikerziehung – Kreativität, I (E. Kraus)	5/70	232
Improvisation – Kreativität, II (E. Kraus)	5/73	259
Individualisierung und Sozialisierung im Musikunterricht (E. Kraus)	9/74	514
Instrumentalspiel, zu seiner Didaktik (E. Kraus)	7-8/72	361
Jazz-Blues-Worksong-Spiritual-Gospelsong (E. Kraus)	4/73	198
Jugend und kultureller Wandel (E. Kraus)	1/77	34
Kagel, Mauricio (K.-H. Zarius/R. Frisius)	11/77	624
Klavierpädagogik (E. Kraus)	10/70	438
Komponistenporträts, Monographien (Neue Musik) (S. Borris)	12/69	575
Lied und Singen. Ihr didaktischer Stellenwert im Unterricht	9/73	472
Ligeti, György (E. Kraus)	10/75	524
Mahler, Gustav (E. Kraus)	11/73	632
Musical (E. Kraus)	4/71	199
Musikalische Entwicklungspsychologie (G. Kleinen)	9/70	382
Musikalische Früherziehung (S. Abel-Struth)	1/70	35
Musikalische Früherziehung (G. Noll)	5/78	329
Musikalische Grundausbildung, zu ihrer Didaktik (E. Kraus)	5/69	247
Musikethnologie: I – Musikalische Volks- und Völkerkunde (E. Kraus)	1/71	38
– II – Afrika (E. Kraus)	2/71	89
– III – Asien (E. Kraus)	3/71	146
Musikhören – Didaktik des Musikhörens (E. Kraus)	5/72	250
Musik in Arbeitswelt und Freizeit (E. Kraus)	11/74	630
Musik in der Sonderpädagogik (K.-J. Kemmelmeyer)	6/78	400
Musikpädagogik im Tertiärbereich (E. Kraus)	5/76	275
Musikpsychologie (H. de la Motte-Haber)	6/69	297
Musiktheorie (S. Borris)	9/69	407
Musiktherapie. Musik in der Sozial- und Heilpädagogik (E. Kraus)	9/72	429
Musiktherapie - Heilpädagogik - Sonderpädagogik (E. Kraus)	9/77	475
Musik und Musikerziehung in den USA (E. Kraus)	2/76	87
Musik und Politik. Musikpädagogik und politische Wirklichkeit (E. Kraus)	1/72	32
Musik und Sprache (E. Kraus)	12/72	590
Musik und Technik (E. Mayer-Rosa)	7-8/71	359
Musikunterricht in der Grundschule – Musiklehrerausbildung (E. Kraus)	7-8/75	369
Musikunterricht in der Sekundarstufe I (E. Kraus)	10/76	523
Musikunterricht in der Sekundarstufe II (E. Kraus)	11/75	583
Neue musikalische Verhaltensweisen der jungen Generation in der industriellen Gesellschaft (D. Gaisbauer)	6/72	304
Neue Musik (S. Borris)	3/69	142
Neue Musik, zu ihrer Didaktik	4/69	190
Orff, Carl: Orff-Schulwerk; Orff-Instrumentarium (E. Kraus)	11/69	524
Penderecki, Krzysztof (E. Kraus)	12/75	630
Pop-Musik (E. Kraus)	5/74	330
Programmierte Unterweisung und Musikerziehung (E. Kraus)	2/69	95
Reger, Max (E. Kraus)	12/73	677
Rhythmisch-Musikalische Erziehung/Bewegungserziehung/Emile Jaques-Dalcroze (E. Kraus)	4/70	181

Richtlinien und Lehrpläne-Lehrplankritik und Lehrplanreform (Curriculum-Entwicklung) mit Verzeichnis der z. Z. gültigen Lehrpläne (E. Kraus)	2/70	79
Schlager/Beat/Pop (E. Kraus)	10/69	466
Schlager und Beat, Tanzmusik und Unterhaltungsmusik (E. Kraus)	4/72	202
Schoenberg, Arnold (E. Kraus)	2/73	79
Schoenberg, Arnold. Didakt. Beitr. (E. Kraus)	10/74	571
Schulische Musikerziehung in der Demokratie (E. Kraus)	3/76	145
Sekundarstufe I. (E. Kraus)	10/76	523
Sekundarstufe II. Aufsätze in Musik und Bildung (E. Kraus)	11/75	590
Sololied	3/72	132
Soziologie/Musiksoziologie (E. Kraus)	3/70	133
Soziologie und Musiksoziologie (II) (E. Kraus)	2/72	88
Stimmbildung und Sprecherziehung (E. Kraus)	7-8/69	351
Stockhausen, Karlheinz (E. Kraus)	1/74	49
Strawinsky, Igor (E. Kraus)	6/71	304
Streichinstrumentenspiel (W. Pape)	11/70	493
Technische Mittler und Musikerziehung (E. Kraus)	1/69	45
Trivialität in der Musik (E. Kraus)	6/76	332
Vergleichende Musikerziehung, Musikerziehung in einzelnen Ländern (E. Kraus)	7-8/70	333
Vergleichende Musikforschung und Musikethnologie (E. Kraus)	4/76	199
Von Country & Western zum Hard Rock, eine Bibliographie der Pop-Musik und ihres soziokulturellen Hintergrunds (W. Laade)	5/74	322
Webern, Anton (E. Kraus)	6/73	330
Worksong/Spiritual/Gospelsong/Jazz/Jazz in der Musikerziehung (E. Kraus)	6/70	290
Zeitgenössisches Musiktheater (E. Kraus)	11/71	556
Zimmermann, Bernd Alois (H. Hermann)	10/78	654

VI,2 Heftthemen

1972	1	Musik und Musikpädagogik in der politischen Wirklichkeit
	2	Musiksoziologie heute
	3	Das Lied in strophischer und überstrophischer Vertonung
	4	Jugend und Popmusik
	5	Lernziele der Hörerziehung
	6	Das Schlagwort in der heutigen Musikliteratur
	7/8	Didaktik des Instrumentalspiels
	9	Tendenzen und Probleme der gegenwärtigen Musiktherapie
	10	Die musikalische Akustik
	11	Zur Theorie des musikalischen „Meinens“
	12	Musik und Sprache
1973	1	Musikunterricht als auditive Wahrnehmungserziehung
	2	Das musikalische Kunstwerk im Unterricht
	3	Interdisziplinäre Aspekte eines künftigen Unterrichts
	4	Musik – verwaltet und verwertet
	5	Komposition und Improvisation
	6	Musik in der Lehrerausbildung
	7/8	Neue Bläserklangstrukturen in der Orchestermusik des 20. Jahrhunderts
	9	Das Volkslied als Gegenstand des Musikunterrichts
	10	Musikalische Fremd- und Subkulturen – Opfer westlicher Überlegenheitskomplexe?
	11	Vom Ursprung und Wesen des Trivialen im Werk Gustav Mahlers
	12	Die Musik, der Mensch und die Menschen
1974	1	Weltmusik
	2	Zum Problem der Kommunikation im Musikunterricht
	3	Konsequenzen der Schulreform für das Fach Musik in der Primarstufe
	4	Zur Reform der Sekundarstufe
	5	„Jesus Christ Superstar“
	6	Paul Hindemith, Versuch einer Neuorientierung
	7/8	Musik unserer Zeit – ein Opfer der Technik?
	9	Musik und Individuum
	10	Arnold Schönbergs 100. Geburtstag
	11	Musik in Arbeitswelt und Freizeit
	12	Autonomie und Bildungsfunktion der Musik
1975	1	Der zeitgenössische Komponist und die Musik der dritten Welt
	2	Musik in der politischen Wirklichkeit
	3	Instrumentalspiel und die Frage nach der körperlichen Eignung
	4	Jugend, Musikerziehung und die neue Schallumwelt
	5	Musikpädagogische Studiengänge für die Lehrämter an allgemeinbildenden Schulen
	6	Erziehung zu Formgefühl
	7/8	Grundschulunterricht in der Krise
	9	Hören und Verstehen ungewohnter Musik
	10	György Ligeti
	11	Die Lehrpläne für das Fach Musik in der Sekundarstufe II (Studienstufe)
	12	Krysztof Penderecki
1976	1	Neuere Richtlinien für den Musikunterricht in der Grundschule
	2	Tendenzen der Neuen Musik in Amerika
	3	V. Bundestagung des VDS
	4	Vergleichende Musikforschung und Musikethnologie
	5	Ästhetische Erziehung, ein pädagogischer Ästhetizismus?
	6	Trivialität in der Musik
	7/8	Der Musikunterricht im Fächerkanon der Schule
	9	Musik als Kommunikationsphänomen
	10	Musiklehrpläne für die Sekundarstufe I
	11	Musik zwischen Engagement und Kunst
	12	Jugend und musikalische Innovation
1977	1	Jugend und kultureller Wandel
	2	Über den Anteil der Musik an den Zeitstilen der Kultur
	3	Musikalische Berufsausbildung
	4	Zum Berufsbild und zum Selbstverständnis des Musiklehrers
	5	Musikpädagogik als Strukturbereich des Musiklebens
	6	Musik im Funkkolleg

	7/8	Salon – Thesen zu einem gesellschaftlichen Ort der Musik im 19. Jahrhundert
	9	Musik und Therapie
	10	Jazz und Avantgarde
	11	Kagel – der unbequeme Nonkonformist
	12	Unterhaltung ist Kultur
1978	1	VI. Bundestagung des VDS 1977. Bilden – Helfen – Heilen
	2	Hans Werner Henze
	3	Gustav Mahler – Anton Webern
	4	12. Bundesschulmusikwoche in Karlsruhe 1978: Musik in einer humanen Schule
	5	Musikalische Früherziehung
	6	Musiktherapie
	7/8	Avantgarde-Komposition und Musikpädagogik
	9	Komponieren für Kinder
	10	Bernd Alois Zimmermann
	11	Das Dilemma der Musiksoziologie
	12	Fächerübergreifender Unterricht

VII Berichte und Informationen

VII,1 Berichte

(Über Tagungen und Kongresse, Konzert- und Opernaufführungen, Wettbewerbe im In- und Ausland, Lehrerbildung und Lehrerfortbildung)

1969

Rückblick auf das Jahr 1968. Aufführungen Neuer Musik	1	31
Berlin (West): Woche außereuropäischer Musik	7-8	345
Eichstätt: Bundesjugendorchester in Eichstätt	10	462
Detmold: Henzes „Moralitäten" in Detmold erstaufgeführt	10	463
Frankfurt/M.: 10 Jahre Frankfurter Jugendmusikschule	7-8	344
Freiburg/B.: Das Spiel vom Doktor Johann Faust	11	512
Gießen: Musikpädagogisches Forum 1968 (Neuer Vorstand der Arbeitsgemeinschaft der Musikdozenten an Pädagogischen Hochschulen)	1	33
Zweite „Gießener Musiktage" für junge Solisten 1968	2	84
Hamburg: Musikpädagogische Arbeitstagung (Hamburger Fachschaft Musiklehrer an Gymnasien, VDS Landesverband Hamburg und Arbeitskreis für Schulmusik und allgemeine Musikpädagogik)	2	85
– Uraufführung von Hans Werner Henzes Oratorium „Das Floß der Medusa"	3	138
Hannover: Szenisches Divertimento der Opernabteilung der Hochschule für Musik und Theater Hannover	6	293
Heidelberg: Zum VI. Bundeswettbewerb „Jugend musiziert" in Heidelberg	6	291
Heppenheim/Bergstraße: „Undine" in der Odenwaldschule Ober-Hambach bei Heppenheim. Eine Schuloper von Wolfgang Fortner (Uraufführung)	7-8	345
Kassel: Kasseler Musiktage 1968. Arbeitstagung „Neue Musik in unserer Zeit"	2	84
Köln: Rheinische Musikschule Köln bringt deutsche Erstaufführung von Stockhausen „Stimmung für Sex-tête"	3	137
– Abschluß der V. Kölner Kurse für neue Musik der „Rheinischen Musikschule"	4	194
Lörrach: Schüler auf dem Weg zur Neuen Musik (Hans-Thoma-Gymnasium Lörrach)	9	402
Mönchengladbach: 10 Jahre Musikschule Mönchengladbach	4	194
München: 18. Internationaler Musikwettbewerb der Rundfunkanstalten	12	569
Remscheid: Vorträge, Diskussionen und Entscheidungen des Arbeitskreises „Forschung in der Musikerziehung", November 1968	2	86
– Jazz-Sommerkurs 1969 der Akademie Remscheid	12	570
Wolfsburg: „Jugend forscht" 1969 (Uraufführung von Peter Ruzickas „Jugend forscht Concerto '69" für Beatband und großes Orchester)	7-8	344
Frankreich: Internationaler Kammermusikwettbewerb in Colmar/Elsaß 1969	7-8	345
Jugoslawien: 180 Jahre organisierter Musikunterricht in Kroatien	6	294
Österreich: Deutsch-österreichischer Schulmusikeraustausch Frankfurt – Salzburg. Reise nach Salzburg	9	402
Tschechoslowakei: Prager Frühling 1969	9	401

1970

Diethard Wucher: Die Musikschulen in der Bundesrepublik Deutschland	2	86
– Modell-Programm „Musikalische Früherziehung" an Musikschulen	6	282
Bundesjugendorchester 1970	9	390
Berlin: Berliner Jazz-Tage 69 – Duke Ellington 70 Jahre alt	3	136
– Pianistenschule Elisabeth Dounias-Sindermann	5	237
– Karajans Aktion des guten Willens. Jugendorchestertreffen in Berlin	11	499
Bielefeld: Klaviergruppenunterricht mit dem Wurlitzer Piano-Labor in der Jugendmusikschule	10	444
Bonn: Jugendkonzerte und Generalprobenbesuche. Sinnvolle Zusammenarbeit zwischen Kulturverwaltung und Musikerziehern	5	234
– Schulkonzert mit Beethoven	9	391
Darmstadt: 24. Hauptarbeitstagung des Instituts für Neue Musik und Musikerziehung 1970 – von außen betrachtet	7-8	336
Ehrwald: Erfolgreiche Arbeitstagung für Musiklehrer	5	236
Erlangen und Nürnberg: Der VII. Bundeswettbewerb „Jugend musiziert"	7-8	338
Fallingbostel: Tagung „Neue Formen der Unterweisung im Streicherspiel" – Pädagogen und Wissenschaftler über physiologische Voraussetzungen beim Streicherunterricht	7-8	337
Freiburg: Orffs „Sommernachtstraum". Freilichtaufführung durch die Freiburger Musikhochschule	9	391
Hannover: Studenten spielen Glucks „Orpheus" in der Musikhochschule	1	30
– Musikmesse mit Überangebot (Zweites Allgemeines Deutsches Musikfest)	4	183
Kiel: Regionaltagung für Musiklehrer aller Schularten	7-8	336
Lichtenfels: Musikwoche in der oberfränkischen Heimvolkshochschule Schloß Schney	10	445
München: 19. Internationaler Musikwettbewerb der Rundfunkanstalten 1970	10	443
Saarbrücken: Der Arbeitskreis „Grundsatzfragen der Musik" auf der Bundesmusikschulwoche	6	287
Weilburg: Schulmusikertagung	5	235
Bulgarien: Neue europäische Musikzentren	11	499
Frankreich: Cannes, Januar 1970 – MIDEM Classique	3	139
Island: Wolfgang A. Mozarts „Die Hochzeit des Figaro" in Reykjavik	6	289
Polen: Reform in der polnischen Musikerziehung	11	388
Sowjetunion: Musikerziehung in der Sowjetunion. Eindrücke einer Studienreise	1	27
– IX. ISME-Tagung 1970 in Moskau	9	389
	u. 10	445
Tschechoslowakei. Vladimir Poš: Die Volkskunstschulen in der ČSSR	2	83
Ungarn: Internationaler Chorwettbewerb in Debrecen	10	447
USA: Das „Projekt Zeitgenössische Musik" in amerikanischen Schulen	6	285

1971

Siegfried Borris: Bilanz des 8. Wettbewerbs „Jugend musiziert"	6	313
Karl Laux: Geigerausbildung in den Vorschuljahren	7-8	366
Georg Rebscher: Oper, Oratorium und Messe in der Popmusik	4	201
– Zur Situation des Instrumentalunterrichts an allgemeinbildenden Schulen	7-8	365
Hubert Unverricht: Beethoven-Jubiläum 1970 in musikwissenschaftlicher Sicht	2	92
Bayreuth: Das Internationale Jugendfestspieltreffen 1971	12	618
Berlin: Jazztage 1970	1	41
– Musikschulkongreß 1971	5	253
– Jubiläumskonzert der Pianistenschule Dounias-Sindermann	6	312
– Woche außereuropäischer Musik in der Berliner Akademie	10	497
Bonn: Proben zur Ferienzeit. Das Bundesjugendorchester spielte	2	95
Bremen: Notizen zum 46. Bachfest der Neuen Bachgesellschaft	7-8	369
Freiburg: Musikwissenschaft in der Schule – ein neues Konzept	12	619
Hannover: Jahrestagung 1971 der Gesellschaft für Musikforschung	11	564
Hildesheim: Improvisation oratorischer Sprech- und Klangszenen	5	255
Kassel: Zwischen Oper und Pop. Kasseler Versuche	6	310
Köln: Musik der Welt an amerikanischen Bildungsstätten (WDR)	10	500
Ludwigshafen: Carl Orffs „Carmina burana"	1	40
München: 20. Internationaler Musikwettbewerb der Rundfunkanstalten	11	563
Münster: Arbeitstagung der Arbeitsgemeinschaft Musikpädagogik Nordrhein-Westfalen	6	312
Neuß: Verleihung des Händel-Ringes an Mathieu Lange. Chormusiktage	7-8	369
Remscheid: 2. Internationales Seminar für Rhythmik	1	44
Wuppertal: Notizen vom Städtefest „Urbs 71"	9	438
Argentinien. Buenos Aires u. La Plata: ISME-Seminar 1971	10	489
Holland. Scheveningen: IV. Internationales Chorfestival	7-8	368
Italien. Florenz: „Jeunesses Musicales", Weltkongreß	9	439
– Roundtable-Gespräch der Musikethnologen	10	499
Jamaica: Kongreß des International Folk Music Council	12	621
Österreich. Salzburg: „Szene der Jugend 1971"	12	624
Polen. XV. Warschauer Herbst	12	622
Schweiz. Montreux: Eindrücke vom 5. Internationalen Jazz-Festival	11	441
USA. Musik der Welt an amerikanischen Bildungsstätten (WDR-Sendung)	10	500

1972

Wettbewerbe „Jugend musiziert" auf dem Prüfstand (Siegfried Borris)	4	206

Bilanz des 9. Bundeswettbewerbs „Jugend musiziert“ 1972 (Siegfried Borris) 6 311
Elementare Klangerprobung und Instrumentalunterricht (Peter Fuchs) 7-8 376
Zur Didaktik des Instrumentalspiels (Siegfried Clasen) 7-8 375
Bad Salzuflen: Festliche Tage mit jungen Solisten 9 436
Berlin: Kinder und Klänge in der Akademie der Künste 7-8 382
– Berliner Jazztage 71 1 36
Berlin (Ost): 21. „Kammermusik im Gespräch“ 1 35
Braunschweig: 23. Festliche Tage neuer Kammermusik 1 35
Hannover: Tage der Neuen Musik 1972 3 145
Kassel: Aurel Stroes „Der Nobelpreis wird nicht verliehen“, Uraufführung 2 93
– 9. Bundesschulmusikwoche in Kassel 9 434
Köln: Mauricio Kagel regt zur Erfindung von Kinderinstrumenten an – Kölner Kurse für Neue Musik 1971 7-8 378
– Uraufführungen bei den „7 Tagen elektronischer Musik“ in Köln 9 435
München: Deutsch-Österreichisch-Schweizerische Studientagung 5 253
Stuttgart: Der 1. Internationale Kongreß für Musiktheorie 1970 1 34
Witten: Tage für Neue Kammermusik 1972 7-8 385
Royan: Internationales Musikfestival 1972 6 312
Salzburg: Internationale Schulmusikwoche in Salzburg 11 541
Schweden: Reichsmusik für Teenager – Schwedens staatliches Musikprogramm (Fred K. Prieberg) 2 90
Tunis: 10. Internationale Konferenz der ISME in Tunis 10 481
Wien: Symposium „Neue musikalische Verhaltensweisen der Jugend“ 12 594

1973

Bevorzugte Lieder. Eine Untersuchung an bayerischen Schulen 9 473
Erziehung ist das Schicksal des Menschen. Eine weltweite Untersuchung, durchgeführt im Auftrage des UNESCO 9 475
Augsburg: 26. Weltkongreß der FIJM 1 32
Berlin: Jazztage 1972 2 86
– Bachtage 1973 10 558
Bonn: Max-Reger-Tage 7-8 402
Freiburg i. Br.: Fortbildungslehrgang südbadischer Musikerzieher 10 557
Fürsteneck/Trossingen: Musik im Elementarbereich – Zwei Tagungen 2 90
Goslar: Arbeitsgemeinschaft Musik in Niedersachsen 1 34
Hannover: Tage der Neuen Musik 1973 4 205
Lüneburg: Kagels Musik für Zither-Quartett 7-8 405
Saarbrücken: Habilitationsverfahren an der Musikhochschule des Saarlandes 4 204
– Musikschulkongreß 1973 5 265
– Hochschule des Saarlandes berät Koordination der Musiklehrerausbildung 10 556
Autun: Europa Cantat V 12 702
Graz: Kongreß für Bläsermusik 7-8 405
– Internationales Gustav-Mahler-Symposion 1973 11 629
Helsinki: UNESCO-Konferenz über Kulturpolitik in Europa 1 33
Kansas City: Chorleiter-Kongreß 7-8 404
Klingenthal (DDR): Festtage der Harmonika 9 479
Posen: Musikleben in Posen – Eindrücke einer Reise 2 89
Royan und La Rochelle: Festivals 1973 9 476
Straßburg: Musikpädagogen in Straßburg 12 700
USA: Eindrücke vom Musikstudium an der Indiana University in Bloomington 1 35
Viktring/Klagenfurt: 5. Internationales Musikforum 12 701
Warschau: Warschauer Herbst 1972 2 87
Zagreb: Musik-Biennale 1973 9 477

1974

Wolfgang Seibold: Bemerkungen zu einer Avantgarde-Komposition von Wolfgang Dauner 4 260
– Filme für den Musikunterricht 10 573
Internationale Wettbewerbe für Interpreten 1972 1 56
Zehn Jahre „Jugend musiziert“ 1 58
Senzoku-Gakuen-Musikakademie Tokio auf Tournee durch die Bundesrepublik Deutschland 2 125
Berlin: Jazztage 1973 3 187
Bochum: Jahrestagung 1973 der „Gesellschaft für Musikforschung“ 1 59
Bonn: Tage Neuer Musik. Begegnung mit Japan 1973 1 60
Donaueschingen: Musiktage 1973 2 126
Grünstadt/Pfalz: Fortschrittliche pädagogische Provinz. Leininger-Gymnasium feiert 400jähriges Bestehen mit Uraufführungen 2 124
Hannover: Einweihung des Neubaus der Staatl. Hochschule für Musik und Theater 2 123
Köln: Tagung des Arbeitskreises für schlesisches Lied und schlesische Musik 11 632
Ludwigshafen: Multimediale Variationen über das Orpheus-Thema der Antike. Aufführungen des Theodor-Heuss-Gymnasiums 4 259
Lübeck: Geiger-Gipfel – Die Schüler von André Gertler 11 634
München: 10. Bundesschulmusikwoche 6 349, 388
– Neue Musik in der Schule, Veranstaltung des Jugendkulturwerks (Cage, Schnebel, Wolff, Stockhausen) 9 518
Würzburg: Rock-Jazz und Schule. „Time in Space“ gastiert in der Musikhochschule 9 521
Graz: Sinfonie und Wirklichkeit. Symposium des Instituts für Wertungsforschung an der Hochschule für Musik und Darstellende Kunst in Graz 10 572
Klingenthal (DDR): Festtage der Harmonika 9 521
Lugano: Tagung über Fragen der Stimmerziehung in der Südschweiz 9 520
New York: Newport Jazz Festival 1974 11 633
Radenci: Kammermusik des XX. Jahrhunderts in Slowenien 3 187
Salzburg: Internationale Schulmusikwochen 1973 1 61
Wien: Gründungsversammlung der „Österreichischen Gesellschaft für Musikwissenschaft“ 1973 1 60

1975

Zum Problem eines Ersten Schulfachs Musikwissenschaft im Rahmen der Lehrerausbildung	1	32
Stellungnahme: Musikwissenschaft als Schulfach	1	33
Erste Weltmusikwoche und Internationaler Tag der Musik	5	259
Rahmenstudienordnung für das Zweite Fach Musik an Musikhochschulen	9	454
Bayreuth: 25 Jahre InternationalesJugend-Festspieltreffen	12	636
Dortmund: Kooperation von Musikschule und Gesamtschule	7-8	374
Hamburg: Musikschulkongreß 1975	5	259
Hannover: Besuch des Bundespräsidenten in der Musikhochschule	2	85
– Tage Neuer Musik	4	193
München: Arbeitstagung Musikpädagogik, Chormusik und Instrumentalmusik in Film und Fernsehen	2	84
Nürnberg: 13. didacta	6	309
Oldenburg: 10 Jahre Arbeitsgemeinschaft Unterrichtsforschung	3	139
Regensburg: Die 23. Konferenz des Internationalen Volksmusikrates	12	638
Stuttgart: Chorwettbewerb Baden-Württemberg	2	88
Trossingen: Klavierseminar der Bundesakademie für musikalische Jugendbildung	2	86
– Seminar für Leiter von Kinderchören	7-8	375
– R. M. Schafers „Klangwürdigkeiten". Kurswoche in der Bundesakademie Trossingen	11	591
Tübingen: Kammerorchester Tübinger Studenten im Vorderen Orient	7-8	376
Canterbury: 2. Internationale Konferenz des ESTA 1975	11	592
Christchurch: 4. Forschungs-Seminar der ISME	1	30
Kasimierz Dolny (Warschau): VI. Sitzung der Studiengruppe zur Erforschung und Edition älterer Volksmusikquellen des Internationalen Folk Music Council	12	637
Metz: „Recontres Internationales de Musique Contemporaine"	3	138
Paris: Musikpolitik in Frankreich	3	136
Perth: 11. ISME-Konferenz	1	29
Rovinj: IV. Internationales Symposium der Musikhochschule in Rovinj '74	1	34
Salzburg: Notizen von der Mozartwoche	4	194
– Symposium „Orff-Schulwerk 1975"	11	455
Tokio: Internationales Seminar der ISME	1	27
– Jugendaustausch zwischen der Bundesrepublik Deutschland und Japan	2	87
Wien: Lärm und Umweltschutz: die akustische Ökologie	7-8	373
– Institut für Musiksoziologie und musikpädagogische Forschung, Wien. Bericht über die ersten zehn Jahre (1965–1975)	10	526

1976

Zur Generalversammlung des Deutschen Musikrates 1975 „Konsequenzen aus dem Künstlerbericht der Bundesregierung". Bericht der Arbeitsgruppe Musikpädagogik und Musikpflege	3	150
Stellungnahme zum Problem des Zweiten Fachs Musik in der Sekundarstufe II. Arbeitsgemeinschaft der Leiter der Schulmusikabteilungen an den Hochschulen für Musik in der Bundesrepublik Deutschland einschließlich Berlin (West)	3	153
„Musiklehrerausbildung für den Primarbereich". Ergebnisse einer Erhebung der AGMM	12	633
Bayern: Konzerte für Jugendliche und Kinder	12	629
Berlin: Das RIAS-Jugendorchester in Israel	3	154
– Musik in der Medienpolitik. Berliner Klausurtagung	9	466
– Testfall „Junge Deutsche Philharmonie"	11	580
– Orchesterkonzerte für die Schüler	12	626
Bonn: „Musikpädagogik in der Studienreform". Öffentliche Tagung der „Bundesfachgruppe Musikpädagogik" im Oktober 1975	1	33
– Konzerte und Workshops für Kinder und Jugendliche	12	631
Braunschweig: Schulkonzerte	12	631
Düsseldorf: Schule ohne Musik? Musik und Musikunterricht in der Bildungsplanung – Analysen und Perspektiven – Zur 11. Bundesschulmusikwoche in Düsseldorf	7-8	391
Hamburg: Schulfunk-Konzerte im Norddeutschen Rundfunk	12	632
Hamm: Kompositionswettbewerb	11	582
Hannover: ISME-Seminar für musikalische Berufsausbildung	9	464
Heidelberg: Opernbesuch für Hauptschüler	12	615
Hilchenbach: Woche der neuen Musik	11	581
Hildesheim: Studienrichtung Ästhetische Erziehung	9	468
Kassel: Forderungen des Bundeselternrates zum Musikunterricht an allgemeinbildenden Schulen bei der Herbst-Plenartagung	2	92
– Werkstattkonzerte für die Jugend. Kasseler Erfahrungen	12	619
Köln: Konzerte für die Jugend. Ein Kölner Erfahrungsbericht	12	623
Mainz: Schulische Musikerziehung in der Demokratie. Zur V. Bundestagung des Verbandes Deutscher Schulmusikerzieher	2	88
– Diskussionsbericht der V. Bundestagung des VDS (Referate von Wolf-Eberhard von Lewinski, Karl Heinrich Ehrenforth, Bernhard Binkowski, Dieter Zimmerschied, Richard Jacoby)	3	139–141
– Zusammenfassung der Aspekte der Diskussionen	3	142
– Ergebnisse und Konsequenzen der V. Bundestagung des VDS	3	142
– Anregungen für die KMK zur Weiterentwicklung ihres Beschlusses vom 19./20. Januar 1967 betr. Empfehlungen Abschnitt D „Zur musikalischen Bildung an Schulen"	3	143
– Zusammenfassung erprobter Einrichtungen und Maßnahmen einzelner Länder	3	144
– Musik für die Jugend im Mainzer Theater, oder: Aufstieg und Niedergang eines Modells	12	630

Saarbrücken: Untersuchungen zur Musikrezeption. Forschungsprojekt der Pädagogischen Hochschule des Saarlandes 10 525
Stuttgart: Die Baden-Württembergischen Schulmusiktage 1975 2 91
– Jugendorchester aus Stuttgart zu Gast bei der deutschen Schule in Lima/Peru 3 153
Trossingen: Jazz und Pop in der musikalischen Jugendarbeit. Lehrgang an der Bundesakademie 1 37
Witten: Kammermusiktage 1976 7-8 399
Graz: Symposion „50 Jahre Wozzeck" von Alban Berg 4 209
– 6. Internationales Seminar für Forschung in der Musikerziehung 10 524
Kanada: Erste Weltmusikwoche 1 35
Manila: 3. Treffen der asiatischen Komponistenliga 4 208
Montreux: XII. Weltkongreß der ISME 9 465

1977

Das Bild der Schulmusik in der Öffentlichkeit. Zu „Titel – Thesen – Temperamente" 10 562
Union deutscher Jazzmusiker – Kollektiv der Individualisten 10 555
Bayreuth: „Internationales Jugend-Festspieltreffen Bayreuth" im Bahnhof Rolandseck 3 152
Berlin: Symposium des Internationalen Instituts für Vergleichende Musikstudien und Dokumentation 1 42
– Konzerte für die ganze Familie 3 151
– Die Berliner Free Music Production 10 556
– „Junge Deutsche Philharmonie" bei den Festwochen 1977 11 630
Bonn: Deutscher Musikwettbewerb mit vier ersten Preisträgern 7-8 413
– Lehrerfortbildungstagung des VdMS Nordrhein-Westfalen 12 703
Gießen: Tagung der Bundesfachgruppe Musikpädagogik 6 352
und 12 699
Köln: Kagels „Kölner Kurse für Neue Musik" 11 626
Mainz: 14. Bundeswettbewerb „Jugend musiziert" 7-8 413
Passau: Ansprache des Bundespräsidenten Walter Scheel 6 351
Schleswig-Holstein: Ein Modell fürLehrer-Fortbildungsarbeit. Anmerkungen anläßlich der 13. Tagung des Methorster Kreises 4 226
– Kolloquium. 13. Arbeitstagung des Methorster Kreises 9 492
Speyer: Musikanthropologie. Musiklehrertagung 2 106
Würzburg: Arbeitsgemeinschaft der Leiter der Schulmusikabteilungen an den Hochschulen für Musik in der Bundesrepublik Deutschland einschließlich Berlin (West). Überlegungen zum Berufsbild des Musiklehrers 10 559
Moskau: Die Moskauer Philharmonie für Kinder und Jugend ist 10 Jahre alt 12 704
Niederaltaich: Jahreskongreß der Association internationale d'éducation musicale Willems 11 629
Salzburg: III. Internationaler Hugo-Wolf-Wettbewerb 1 43
– Über Wert und Wirkung der Musik. Ein Symposion der Herbert-von-Karajan-Stiftung 9 490
– 11. Internationaler Kongreß des Internationalen Musikzentrums Wien mit Thema „Hören und Sehen im Medienverbund" 11 627
USA: Chorleiterkongreß in Amerika 7-8 414

1978

Bayreuth: Internationales Jugendfestspieltreffen mit Seminar 12 799
Berlin: Junge Deutsche Philharmonie im Berliner Festwochenprogramm 1978 11 729
Bonn: 25 Jahre Deutscher Musikrat 12 797
Erlangen/Nürnberg: 15. Bundeswettbewerb „Jugend musiziert" 7-8 517
Frankfurt a. M.: Zur 100-Jahr-Feier von Dr. Hoch's Conservatorium 12 801
Karlsruhe: Vorprogramm der 12. Bundesschulmusikwoche 28. 3. – 1. 4. 1978 „Musik in einer humanen Schule" 1 63
– Informationen für die Teilnehmer der 12. Bundesschulmusikwoche. Kurse zu Theorie und Praxis des Musikunterrichts 4 213
– Plenum: Musik in einer humanen Schule. Arbeitskreise für 1. Primarstufe; 2. S I/Orientierungsstufe; 3. S I/7. – 10. Schuljahr und SII/ Arbeitskreis für Studenten 4 215 – 221
– Plenum: Die Bedeutung der musikalischen Analyse im Unterricht. Arbeitskreise für Primarstufe, Sekundarstufe I und II und für Studenten 4 221 – 225
– Plenum: Musikerziehung und öffentliches Musikleben. Arbeitskreise für Primarstufe, Sekundarstufe I und II und für Studenten 4 225 – 229
– Nachtragendes zur 12. Bundesschulmusikwoche 6 432
Koblenz: Ausbildung zum Musikschullehrer und selbständigen Musiklehrer an der Erziehungswissenschaftlichen Hochschule Rheinland-Pfalz Abt. Koblenz 9 605
Landau: 2. Internationales Klavierseminar der Kreismusikschule Landau 5 351
Mainz: Erster Schüler-Musikwettbewerb Rheinland-Pfalz 9 603
Osnabrück: Schulmusiktage 12 803
Speyer: Ein modellhaftes Projekt zur Weiterbildung von Grundschullehrern im Fach Musik im Land Rheinland-Pfalz 3 184
Wolfsburg: Erster niedersächsischer Musikschultag 2 120
Würzburg: Arbeitsgemeinschaft der Leiter der Schulmusikabteilungen an den Hochschulen für Musik in der Bundesrepublik Deutschland einschließlich Berlin (West) 9 604
Kanada: 25 Jahre International Society for Music Education (ISME). Internationale Konferenz in Kanada 11 728
Japan: Japans Kotosaiten im Westwind 2 120
Los Angeles: Das Arnold Schönberg-Institut 12 802

VII,2 Zur Diskussion

1969

Werner D. Freitag: Zur Ausbildung des Schulmusikerziehers	3	124
Peter Koch: Halten Sie den Typ eines Volksschullehrers mit Lehrbefähigung zu instrumentalem Unterricht für wünschenswert?	2	79
Wilhelm Twittenhoff: Plan zur Neuordnung des deutschen Musikschulwesens. (Entgegnung auf den Artikel in der „Musikalischen Jugend", Oktober/November 1968)	2	80
Siegfried Vogelsänger: Das Erlernen der Notenschrift – eine pädagogisch fragwürdige Aufgabenstellung	4	181
Paul Wehrle: „Jugend musiziert" – noch ein Torso	4	186
Konrad Wölki: Die eigene Art des Liebhabermusizierens	4	184
Hans-Jürgen Feilke: Vom Klang des Sonetts. Eine Erwiderung auf den Artikel von Dieter Huelle (Heft 4/69, 170)	7-8	353

1970

Michael Alt: Forschung in der Musikerziehung. Bestandsaufnahme und Zwischenbilanz (Zur 1. öffentlichen Tagung des Arbeitskreises „Forschung in der Musikerziehung", 1969)	3	127
Frank Michael Beyer: Anmerkungen zum zweiten „Allgemeinen deutschen Musikfest" 1970 in Hannover	7-8	332
Werner Breckoff: Bemerkungen zur Richtlinienkritik	1	19
Hans-Helmut Decker-Voigt: Der musikalische Elfenbeinturm. Zum „Allgemeinen deutschen Musikfest 1970"	7-8	331
Bernhard Dopheide: Musikleben und Musikerziehung im geteilten Deutschland	1	22
Günter Kleinen: Zur Entwicklung des harmonischen Hörens beim Kinde	3	131
Christoph-Hellmut Mahling: Die musikwissenschaftliche Ausbildung der Schulmusikerzieher	3	122
Gertrud Meyer-Denkmann: Musikalische Früherziehung in der Sicht neuen psychologischen und musikalischen Denkens	1	16
Horst Schneider: Schulmusik heute als Beruf?	7-8	328

1971

Hermann Große-Schware: Grundbegriffe musikalischer Vorstellungen	7-8	363
Richard Jakoby: Die Ausbildung der Schulmusiker aus der Sicht der hochschulpolitischen Situation (Vortrag in Hannover vor der Gesellschaft für Musikforschung)	12	607
Karl Lorenz: Elemente – Strukturen – Gestalten. Versuch einer neuen Musiklehre	4	193
Gertrud Meyer-Denkmann: Welche Funktion hat die Musikpädagogik heute?	2	74
Hans-Jürgen Nagel: Kritische Anmerkungen zum Musikschulkongreß '71 in Berlin	6	314
Winfried Pape: Popmusik im Musikunterricht	12	616
Jens Rohwer: Zum Artikel „Versuch einer neuen Musiklehre" von Karl Lorenz – mit Antwort von Karl Lorenz	9	435
Dankmar Venus: Funktionsgemäße Musikräume	12	611
Paul Wehrle: Pop-Musik, Beat und Musical in der Schule. Ergänzende Darlegungen zu Heft 4/1971	7-8	362
Ludwig Ernst Weinitschke: Kritische Anmerkungen zum Schulbuch für den Musikunterricht	1	35
Technische Einrichtungen von Musikräumen, hrsg. vom Institut für Film und Bild in Wissenschaft und Unterricht	12	613

1972

Karsten Behrmann: Die Blockflöte nach der Jugendbewegung	7-8	348
Lothar Brix: Anmerkungen zu einer sich politisch verstehenden Musikerziehung	6	292
Peter Rech: Anti-Musik in der Schule	7-8	351

1973

Bertold Marohl: Zum Begriff der Kreativität in der Musikerziehung	5	262
Paul Wehrle: Die zweite Welle – Zum Beitrag von Bertold Marohl	5	264
Über Lehrbuchkritik (Ulrich Günther – Paul Wehrle – Siegfried Borris – Ernst Klusen)	9	480
	und 12	685
Diskussion zum Problem Gesamthochschule: Stellungnahme des Deutschen Musikrates	6	300
	7-8	415

1974

Roderich Fuhrmann: Unterrichts-Motivation und Attraktion des Musiklehrerberufes in der Wissenschaftsschule	3	171
Rainer Schmitt: Funktionsziele des Musikunterrichts	4	250
Georg Sowa: Die Stunde der Übergabe. Plädoyer für Musikunterricht an Schulen durch Musikschulen	3	169
Reinhold Weyer: Um den Stellenwert von Volkslied und Singen im Musikunterricht (Zu Beiträgen von Heinz Antholz und Siegfried Vogelsänger Heft 9/73)	2	127
Studiengang Musik in der Gesamthochschule (Entwurf der Fachgruppe Musik der PH Rheinland und der Gesamthochschule Wuppertal)	9	515
Peter Koch: Traditionelle Notenschrift – in der Schule überflüssig? (Zu einem Artikel von R. Frisius in „Forschung in der Musikerziehung" Heft 9/10 1973)	5	332

1975

Peter Brömse: Fragen zum Oldenburger Studienmodell	7-8	352
Gisela Distler-Brendel: Marginalien zum Oldenburger Versuch	7-8	355

Volker Hoffmann: Hörerziehung oder auditive Wahrnehmungserziehung? Anmerkungen zu anthropologischen, kybernetischen und ästhetischen Aspekten 6 305
Friedrich Klausmeier: Zum Oldenburger Modell der Musiklehrerausbildung (Zu U. Günther, Grundschul-Musikunterricht in der Krise, 7/8 1975) 7-8 344
Hans Joachim Koellreutter: Entwurf eines „Instituts für auditive Kommunikation und angewandte Musik". Versuch einer Alternative zum Anachronismus der musikalischen Ausbildung 5 249
Helga de la Motte-Haber: Bedarf und Bedürfnis bei der Reform der Musiklehrerausbildung (Zum Modellversuch in Oldenburg) 7-8 348
Johannes Timmermann: Was erwarten die Fachdidaktiker von der zukünftigen Musikdidaktik? 5 252
Siegfried Vogelsänger: Musikunterricht in der Grundschule und die Lehrerausbildung. Fragen der Praxis an die Musikdidaktik 7-8 356
Dieter Zimmerschied: Musik — kein Korrekturfach? 12 641

1976

Sigrid Abel-Struth: „Philosophie der Musikerziehung" oder „Die Kunst des Zitierens" 11 585
Manfred Schuler: In Sachen Curricula 9 457
Klaus Velten: Möglichkeiten und Grenzen der didaktischen Auswertung einer informationstheoretisch orientierten Ästhetik 9 460

1977

Dieter Glawischnig: Das Berklee College in Boston 10 548
Rudolf-Dieter Kraemer: Praxisorientierte Curriculumentwicklung an Studienseminaren für Gymnasien? Zum Beitrag: In Sachen Curricula in Heft 9/1976 1 31
Hans H. Kumpf: Jazz und Pädagogik 10 544
Norbert Linke: Gegendarstellung zur Glosse in Heft 11/1976 (S. 585) und Schlußwort der Autorin S. Abel-Struth 1 45
Manfred Schuler: Nochmals in Sachen Curricula 9 488
Arnold Werner-Jensen: Perspektiven der Musiklehrerausbildung. Überlegungen zur Weiterentwicklung an Pädagogischen Hochschulen 4 213

1978

Replik von Lothar Brix: Die konsequente Reaktion. Zur Besprechung meines Buches „Die Krise der Musikpädagogik" in Heft 4/1978, S. 283—285 — Duplik (Hans-Christian Schmidt) 6 436
Warum und welche Lieder in der Sekundarstufe I (Oss Kröher) 3 186
Winfried Palmowski: Bemerkungen zu dem Beitrag „Musiktherapie" von Helga de la Motte-Haber in Heft 5/78 — Replik der Autorin 9 600

VII,3 Gelesen und zitiert

1969

Jacques Bousquet: Über die Wurzeln der Studentenunruhen 6 289
Hans Dichgans, MdB: Gefährdung des musikalischen Nachwuchses. Memorandum an den Deutschen Städtetag 3 128
Peter Jona Korn: Nicht der Zopf, der Kopf muß weg. Eine Musiktagung (Jahrestagung des Instituts für Neue Musik und Musikerziehung Darmstadt 1969) 9 399
Norbert Linke: Das Elend der deutschen Schlagerindustrie 10 457
Jost Michaels: Orchestermitglieder als Kammermusiker uned Instrumentallehrer. Stellungnahme an die Deutsche Orchestervereinigung 3 129
Paul Michel: Die sozialistische Musikhochschule 1 37
Walter Reckziegel: Musikanalyse — eine exakte Wissenschaft? 5 243
Leopold Rosenmayr, Eva Köckeis, Henrik Kreutz: Kulturelle Interessen von Jugendlichen 10 456
Alte Lieder — neue Klänge (Institut für musikalische Volkskunst der PH Rheinland) 10 458

1970

Bund-Länder-Kommission für Bildungsplanung konstituiert 10 441
Die Bedeutung der Kultur für Staat und Gesellschaft. Konferenz der Kultusminister über nationale und internationale Aspekte der Kulturpolitik in Venedig 10 441
Zum Forschungsprojekt einer Strukturanalyse unseres Musiklebens 1 26
Friedrich Gulda: Rede anläßlich der Verleihung des Beethoven-Ringes durch die Wiener Musikakademie 9 387
K. Moltschanow: Polemische Anmerkungen zu den Kulturtagen der Russischen Föderation in Polen 9 385
Hans Sittner: Über Friedrich Gulda. Laudatio zur Überreichung des Beethoven-Ringes der Musikakademie Wien 9 385
Synthetische Musik aus dem Computer 1 26
Überdruß 11 502
Zu wenig Pop im Radio? 12 546

1971

Heinz Friedrich: Wer schützt die Innenwelt? 7-8 371
Hermann Götzinger: Wie ist die Gesamtschule organisiert? 9 429
Willi Gohl: Die Musik in der Schule 6 315
F. Halbauer: Das Problem eines Gesamtschulsystems in europäischer Sicht 9 431
Hartmut von Hentig: Das Leben mit der Kunst 9 428
Mauricio Kagel: Über meine Komposition „Ludwig van". Gespräch mit Karl Faust 11 555
Walter Kroner: Schulorganisatorische und bauliche Forderungen bei der Planung von Gesamtschulen 9 434
Giri Ordžonikidzi: Das Schöne hören 2 92
Schulbuchausschüsse und Schulbuchzulassungen ungesetzlich? 6 316
Terminologie. Zur Klärung der Terminologie zwischen dem Orient und Europa (besonders „Modulation") 10 497

1972

Abkehr vom Kunstwerk?	10	480
Deutsche Stümper	4	205
Heilen mit Bach und Orff. Eindrücke von der jungen Wissenschaft Musiktherapie 1971	9	429
Intellektuelle Erfahrungen und ästhetische Sensibilität	11	540
Linke Töne – Schöne Töne. Progressive Komponisten suchen ihr Publikum	6	308
Die neue Gegenaufklärung	6	310
Soße aus Musik	4	205
Die Schwierigkeit, musikpädagogisch auf dem laufenden zu bleiben	5	253
Die Verstörung der Avantgarde. Kölner Konferenz zur Kunsttheorie, Juni 1971	6	309

1973

Braucht der Musikunterricht eine Rechtfertigung?	7-8	400
Das Leiden an der Schule	6	335
Erfolgreicher Jazz-Workshop in Hannover	4	204
Gestalten und diskutieren? Gedanken zur Reform des Kunstunterrichts	6	336
Ist Leistung unanständig?	4	334
Singen in Kindergarten und Volksschule	9	474
Warum ist Regers Musik so schwer verständlich?	12	676
Was nach der Sendung haften bleibt	2	86
Was Schule leisten und nicht leisten kann	7-8	400
Zum Verhältnis von Kunst und Gesellschaft	3	147

1974

Ist die neueste Musik elitär? (Carl Dahlhaus)	5	331
„Jugend musiziert" 1974, ein Bericht	11	632
Veranstaltete Sozialisation (Hartmut von Hentig)	2	117
Veränderungen im Elementarbereich (Deutscher Bildungsrat)	3	179

1975

Ästhetisierung (Carl Dahlhaus)	3	143
Aufgabenbereiche der Fachdidaktik (Johannes Timmermann)	6	313
Informationen zur Situation des Musikcurriculums für die Primarstufe in Hessen (Edith Groß)	7-8	380
Die Kunst ist kein überflüssiger Luxus (Ansprache des Bundeskanzlers Helmut Schmidt)	6	310
Kunst machen und von Kunst leben. Loccumer Akademie-Kolloquium zur Künstlerenquete (Olaf Schwencke)	10	527
Musik und Emanzipation (Klaus Bruhn/Rudolf Stephan)	1	37
Musikerzieher in Darmstadt. Vor Medien wird gewarnt (Gerhard Schroth)	5	261
Mehr Musik	5	262
Praxisbezogene Lehrerausbildung (Wolf Gunter Brügmann)	7-8	378
Rockmusik und Musikpädagogik (Tibor Kneif)	3	143
Videotechnik und kulturelles Verhalten der Jugend	6	312

1976

Bildungsreform gescheitert? Der bayerische Kultusminister Hans Maier plädiert für mehr Bescheidenheit, mehr Pragmatismus	6	333
Emanzipation (Ulrike Lorenz)	1	39
Kunstpädagogikkongreß in Berlin (Camilla Blechen)	7-8	402
Zur Neuorientierung musiksoziologischer Forschung in der Bundesrepublik (Tibor Kneif)	11	582
Zur Pathologie der Schule (Paul Korn)	7-8	402
UNESCO-Empfehlung zur Lehrerbildung	3	156

1977

Auf dem Weg nach vorn die Angst überwinden (Hellmut Becker)	10	565
Experimente statt Deklarationen. Über die Einbeziehung musikalischer Ausbildungsstätten in einem regionalen Musikversuch (Kurt Blaukopf)	3	153
Kunsterziehung nicht noch stärker kürzen. Tagung des kulturpolitischen Ausschusses im Bayerischen Landtag (Marlies Poss)	6	355
Lieschengesellschaft. Stoßseufzer aus Wuppertal (Heinrich Hahne)	7-8	419
Musikberufe und Sozialprestige (Hans-Peter Reinecke)	3	154
Kürzungen im Musikunterricht in Bayern. Aus der Ansprache von Staatsminister Prof. Hans Maier	6	355
Musikwissenschaft und Musikpädagogik (In: Die Musikforschung 3/1976)	2	106
Schulen ohne Kunst und Musik? (Ludolf Baucke)	5	298
Statt einer Einführung (Hans Maier)	11	631
Versuch, der Musik einen Sinn zu geben (Fred K. Prieberg)	12	707

1978

Plädoyer für die „humane Schule" (Bernd E. Heptner)	1	57
Popmusik und musikalisches Bildungskonzept (Siegfried Borris)	2	122
Kauderwelsch im Klassenzimmer. Die „Neue Sprache" der Pädagogik soll die Schule wissenschaftlicher machen – doch sie fördert Denkfaulheit (Günter Klingenberg)	3	188
Arabian Festival traditioneller Musik in Berlin	10	668
„Die musikalische Form als Prozeß". Zur deutschsprachigen Erstausgabe von Schriften von Boris Assafjew	10	669

VII,4 Kultur- und Bildungspolitik

1969

Deutscher Bildungsrat: Empfehlung der Bildungskommission zur Einrichtung von Schulversuchen mit Gesamtschulen	11	522
Deutscher Musikrat: Plan zur Neuordnung des Musikschulwesens in der Bundesrepublik Deutschland und Berlin (West)	1	39

10. Generalversammlung des Deutschen Musikrates 1968 in Stuttgart (Organisation und Integration der schulischen und außerschulischen Musikerziehung und Musikpflege – Der künstlerische Nachwuchs – Musik und Kulturverwaltung 2 82
Fachgremium Musik der PH Niedersachsen:
Studienplan der Musikpädagogik an der PH Niedersachsen 1 41
Kultusminister Prof. R. Hahn:
Grundsätze für die musikalische Bildung 3 130
Arbeitsgemeinschaft der Lehrerpersonalräte der Konservatorien in Nordrhein-Westfalen:
Denkschrift zur Situation der Musikberufsausbildung 7-8 349
VdM:
Präambel zum Lehrplanwerk für Musikschulen 5 230
Der Strukturplan für Musikschulen 4 187

1970

Deutscher Städtetag:
Stellungnahme zur Einbeziehung der berufsbildenden Abteilungen der Konservatorien in den Bereich der Fachhochschulen 10 440
Deutscher Musikrat:
Entschließungen der 11. Generalversammlung des Deutschen Musikrates vom 24.10.1970 in Bremen 11 497

1973

Handreichungen für die Arbeit in der Orientierungsstufe in Niedersachsen 3 128
„Musik im Elementarbereich". Empfehlungen des Deutschen Musikrats 4 202
Musik in der Planung der Städte 12 694
Musikunterricht in der Orientierungsstufe 3 130
Strukturen und Tätigkeitsbereiche der Gesamtschule 6 308

1977

Kurt Blaukopf: Die Zukunft der darstellenden Künste und die Medien 2 101
Peter Koch: Sekundarstufe II: Facharbeit und Ausgleichsregelung. Vergebene Chancen der Schulreform? 2 103
Schulische und außerschulische Musikpädagogik und Musikpflege. Situation, Probleme, Perspektiven 1 36
Förderung der musischen Bildung an den Schulen. Ansprache des Bundespräsidenten in Passau 6 351

1978

Musikpolitische Perspektiven 1977. Musikrat tagte in Bonn 1 47
Musisch-kulturelle Bildung. Der Ergänzungsplan zum Bildungsgesamtplan und seine Realisierung 1 47
Stellungnahme des VDS zum Realisierungsprogramm Allgemeinbildende Schule im Ergänzungsplan 1 48
Schreiben des Direktors der Musikhochschule Hannover an den Niedersächsischen Kultusminister zum Richtlinien-Entwurf „Die Arbeit in der Realschule" 4 279
Schreiben des Präsidenten des Deutschen Musikrates an den Präsidenten der KMK zur Integration von Kunsthochschulen in Gesamthochschulen 4 280
Hermann Rauhe: Aufgaben der Musikhochschule im Bezugsfeld des gegenwärtigen Kultur- und Bildungswesens 7-8 512
Landesmusikrat jetzt auch in Baden-Württemberg 7-8 515

Informationen und Notizen zur Kultur- und Bildungspolitik:
2,119; 3,183; 4,280; 5,350; 6,430; 7-8,516; 9,602; 10,667; 11,727; 12,796

VII,5 Aus der Arbeit der Verbände

VDS (Verband Deutscher Schulmusikerzieher)

1969

„Jugend musiziert" im Ausbau 12 572

Landesverbände Baden-Württemberg

Tagung auf der Comburg: „Musik an Gymnasien in der Sicht der Reformpläne" 9 404
Bundestagung in Karlsruhe. Vorschau 5 246
und 10 464
Tagung in Freiburg/B.: Der Schulmusikerzieher im Wirbel des heutigen Musikangebots 7-8 347

Landesverband Berlin

Die Gitarre als Instrument der Jugend in unserer Zeit. Vortrag von Siegfried Behrend während der „Musischen Woche" Berlin 3 132
Berliner Schulchöre sangen im SFB 3 133

Landesverband Hessen

Fortbildungslehrgang auf der Reinhardswaldschule 11 515

Landesverband Niedersachsen

Arbeitsgemeinschaft Musikpädagogik Niedersachsen (VDMK, VDS, VdM), Pläne 5 246
und 11 515
Erziehung zum kritischen Musik-Konsumenten. Erste Tagung der niedersächsischen Arbeitsgemeinschaft Musikpädagogik in Hannover 12 571
Fortbildungskursus Niedersächsischer Schulmusikerzieher auf Schloß Schwöbber 12 572
Grundschule mit „erweitertem Musikunterricht" in Hannover 1 35
Realschule mit „erweitertem Musikunterricht" in Hannover 2 89
Niedersächsisches Jugendsinfonieorchester 1969 1 35

Landesverband Nordrhein-Westfalen		
Musikpädagogische Arbeitstagung 1968 in Dortmund	1	35
Landesverband Saar		
Arbeitstagung 1968 und Vorschau auf die 8. Bundesschulmusikwoche 1970 in Saarbrücken	2	90
Neuer Vorstand	2	89
Zur Situation der Musikerziehung in der Volksschule. Eingabe an das Kultusministerium	6	304
Landesverband Schleswig-Holstein		
Arbeitstagung in Husum (Neuer Vorstand)	1	34

1970

2. Bundestagung 1969, Karlsruhe	2	88
Landesverband Hessen		
Fortbildungstagung in Rotenburg	12	557
Landesverband Südbaden		
Was erwartet man vom Musikunterricht in der Schule? Tagung in Freiburg	11	501
Landesverband Schleswig-Holstein		
Musik als Lehrfach. Landestagung 1969 der Schulmusiker	1	32
Landesverband Nordrhein-Westfalen		
Musikpädagogik und Schulreform. Lehrerfortbildungstagung der Arbeitsgemeinschaft Musikpädagogik 1969 in Essen	1	32

1971

Wahl des Vorstandes des Gesamtverbandes 1970	1	44
Neuer Vorstand des Verbandes 1971	12	617
Nordbaden: Entschließung betr. Lehrerausbildung	2	96
Niedersachsen: Fortbildungskurs Niedersächsischer Schulmusikerzieher in Schloß Schwöbber	5	260
Saarland: Musik in der Wissenschaftsschule. Oberstufenreformversuch Saar	9	441
Schleswig-Holstein: Landesarbeitstagung in Lübeck	1	45
– Lehrerfortbildung	4	203
– Arbeitstagung des Methorster Kreises	11	566
– Curriculum für den Musikunterricht an Gesamtschulen	12	617

1972

3. Bundestagung des VDS in Bremen 1971	1	38
9. Bundesschulmusikwoche im Mai 1972 in Kassel, Vorprogramm	1	40
– Zur 9. Bundesschulmusikwoche in Kassel. Vorschau	3	144
– Vollständiges Programm	4	211
Initiativen des VDS in Zusammenarbeit mit Schul- und Kulturverwaltung der Stadt Bonn	2	94
Stellungsnahme zum „Entwurf" zur Neugestaltung der gymnasialen Oberstufe in der Sekundarstufe II	2	95
Entwurf einer Vereinbarung zur Neugestaltung der gymnasialen Oberstufe in der Sekundarstufe II (Auszug)	2	95

1973

Neue Satzung des VDS	3	146
10. Bundesschulmusikwoche 1974 in München, Vorschau	6	345
und	7-8	406
4. Bundestagung des VDS 1973 in Lübeck, Vorschau	6	345
und	7-8	406
Bildung einer Durchschnittsnote beim Reifezeugnis	9	486
Verzeichnis der schriftlichen Hausarbeiten	7-8	406

1974

10. Bundesschulmusikwoche in München, Vorprogramm	2	120
4. Bundestagung des VDS in Lübeck 1973	2	118
Protest gegen neue Stundentafeln in Nordrhein-Westfalen	2	119
Arbeitstagung des VDS und DSB in Trossingen	3	189
Zur Arbeitsbelastung der Musiklehrer an den Gymnasien Niedersachsens	4	253
Die Folgen des Schulentwicklungsplans III für das Frankfurter Musikleben	4	258

1975

Bundesdelegiertenversammlung für die V. Bundestagung 1975 und die 11. Bundesschulmusikwoche. Bundesvorstand und Bundesdelegierte	2	89
Stellungnahme des VDS zur geplanten Arbeitszeitregelung für Lehrer	6	314
Neuer Vorstand des Landesverbandes Berlin	6	315
Gesellschaft für Musikpädagogik – eine überflüssige Neugründung. Stellungnahme des Verbandes	7-8	381
Unterschiedsmerkmale des Musikunterrichts an allgemeinbildenden Schulen und Musikschulen. Vorschläge des VDS zur allmählichen Behebung des Mangels an Musiklehrern	9	457
Zur V. Bundestagung des VDS in Mainz. Neuer Vorstand des Landesverbandes in Niedersachsen	11	593
11. Bundesschulmusikwoche in Düsseldorf (20.–24. 4. 1976). Vorschau	12	640

1976

Vorprogramm der 11. Bundesschulmusikwoche in Düsseldorf (20.–24. 4. 1976)	2	97
Kritische Stellungnahme zu Helmuth Hopf, „Studieneinführung Musik" in dem deutschen Studienmagazin aspekte. Zur Diskussion: Vorbereitetes Instrumentalspiel im Abitur? Vorschlag zu einer Stellungnahme	2	93
„Jugend musiziert". Termine Landeswettbewerb 1976	3	155
Arbeitszeit der Musiklehrer. Antwort der Kultusministerien	4	210
Gespräch des Präsidiums der Kultusministerkonferenz mit Künstlerverbänden aus dem Bereich der Musik	9	584
Extrem hoher Ausfall des Musikunterrichts. Ergebnisse einer Umfrage des VDS-Landesverbandes Niedersachsen	12	646
Landesverband Saar. Vorstandswahl	12	647

1977

Bundesdelegiertenversammlung 31. 10. 1976 in Hannover 1 45
Resolution der „Aktionsgemeinschaft Musik und Kunst Niedersachsen" 5 298
Aktionsgemeinschaft Musik und Kunst Niedersachsen 6 356
Verhinderungspolitik? Überlegungen anläßlich einer niedersächsischen Initiative 7-8 415
Mangel an qualifizierten Chorleitern im Laienchorbereich 9 497
Im VDMS Nordrhein-Westfalen (Landesverband des VDS) wurde für die Jahre 1977—1979 ein neuer Vorstand gewählt 10 564
Neuer Vorstand beim Landesverband Rheinland-Pfalz 9 634

1978

Stellungnahme des VDS zum Realisierungsprogramm Allgemeinbildende Schule im Ergänzungsplan 1 48
Niedersächsisches Jugendsinfonieorchester beim Niedersachsenjubiläum 1 56
VDS. Ziele, Aktivitäten und Organisationsformen 4 257
Eröffnung der 12. Bundesschulmusikwoche im Konzerthaus in Karlsruhe (Leonhard Müller) 6 428
Musik in einer humanen Schule (B. Binkowski) 6 428
Musik in einer humanen Schule. Nachtragendes zur 12. Bundesschulmusikwoche (P. Becker) 6 432

VDMK (Verband Deutscher Musikerzieher und konzertierender Künstler)

1969

Beratung in Rechtsfragen 12 573
VDMK-Instrumentalversicherung 3 132
Die Probleme der sozialen Rentenversicherung in Verbindung mit der Altersversorgung des VDMK 7-8 346
Allgemeines Deutsches Musikfest 1970 in Hannover, Vorschau 5 244
Bundestagung in Soest, Vorschau 6 303
Delegiertenversammlung des VDMK in Soest. Neuwahl des Vorstandes 11 514
„Ständige Konferenz" der Tonkünstlerverbände Deutschlands, Österreichs und der Schweiz 4 196
Informationsreise nach Moskau und Leningrad 12 573
Beobachtungen bei Landeswettbewerben „Jugend musiziert" 5 245
Schallplatte mit jugendlichen Klavierpreisträgern 2 88

Landesverband Bayern „Jugend musiziert", Landeswettbewerb in Ingolstadt 5 245
Die Ehrwälder Lehrgänge 1969 6 303
Bamberg: Eine neue Klangreihenlehre (Joh. Sengstschmid) 7-8 347

Landesverband Berlin
Gesang-Wettbewerb Berlin 1970, Vorschau 10 464

Landesverband Niedersachsen
Hauptversammlung in Braunschweig 9 404
Landesarbeitstagung „Jugend musiziert" in Hannover 1 35

Landesverband Bremen
Norddeutscher Klavierwettbewerb „Jugend musiziert" 2 88

Landesverband Nordrhein-Westfalen
Zentrale Beratungsstelle eingerichtet 1 35
„Freies Podium" für konzertierende Mitglieder in Krefeld 1 35
Tagung in Remscheid: Wege zur Musik 9 197

1970

„Deutsche Musik der Gegenwart" auf Schallplatten 2 89
In memoriam Erik Schönsee 2 89
„Pro Civitate", Wettbewerb 1969 in Namur 1 32
Zum 2. Allgemeinen Deutschen Musikfest, Hannover, Februar 1970, Ankündigung 1 31

Landesverband Baden-Württemberg
Arbeitstagung 19169 in Trossingen 1 31

Landesverband Bayern
50 Jahre Tonkünstlerverein Augsburg 3 145
Delegiertenversammlung des VDMK in Würzburg 12 557

Landesverband Berlin
Fritz Weiße neuer Vorsitzender des Berliner VDMK 3 145
2. Gesangwettbewerb Berlin, 1970 4 190
Honorare der Musiklehrer; Studio für Neue Musik 9 394
Bachtage in Berlin 9 394
und 10 448
Musikalische Götterdämmerung in West-Berlin. Flugblatt von Schülern, Eltern und Lehrern an den Musikschulen West-Berlins 10 449

1971

Kurt Blaukopf: Neue musikalische Verhaltensweisen der Jugend 6 318
Gesetz zur Vermögensbildung 6 319
Unfallversicherung des VDMK 6 319
Steuerliche Situation 12 618
„Deutsche Musik der Gegenwart" auf Schallplatten, hrsg. vom VDMK und der DGG 12 618
Bayern. Aufbruch zu einem neuen Selbstverständnis des VDMK. Gedanken zur Delegiertentagung in Würzburg 1970 2 96
Musikpädagogische Studientagung, München 1972 12 618
Baden-Württemberg. Tagung in Schaffhausen: „Musikerziehung während der Pubertätszeit" 3 149
Schaffhausen. Musikpädagogische Woche 6 318
Berlin. IV. Bundeswettbewerb für Gesang 1972 12 618

1972

Studio Neue Musik Berlin 2 96
Fortbildungskurse für Instrumentallehrer in Niedersachsen 2 97

1973

Gesangswettbewerb 1972 in Berlin 2 91
4 208
Klavierfortbildungskursus 1973 in Hannover 2 91
Allgemeines Deutsches Musikfest 1974 in Stuttgart, Vorschau 6 345

1974

Lehrgang für Pianisten in Hannover 3 189
Verbandsmitteilungen 4 258
Gedanken zum III. Allgemeinen Musikfest in Stuttgart und Sindelfingen 6 393
Klavierfortbildungskurse 1974 in Hannover 6 393

1975

Klavierfortbildungskursus in Hannover (Planung) 1 36
— Bericht über den Klavierfortbildungskursus 6 315
Bundeswettbewerb Gesang Berlin 74 — Neue Werke aus Israel 3 142
Tagung in Trossingen (Österreich/Schweiz/Deutschland). Das Klavier als Pflichtfach im Rahmen des Musikstudiums 7-8 382
Wettbewerb „Jugend musiziert" 1975/76 10 529

1976

Presseinformation 3 155
„Jugend musiziert". Termine Landeswettbewerbe 1976 3 155
„Jugend musiziert" mit verändertem Programm. Vierjahresankündigung: Neue Aufgaben im Zusammenspiel 7-8 406
Bessere allgemeine Musiklehre. Fachtagung in Bad Gmünden 7-8 406

1977

GEMA-Vergütungssätze erhöht. Neue Unterrichtsverträge 11 634

AMJ (Arbeitskreis für Musik in der Jugend)

1970

Jährliche Mitarbeitertagung und Mitgliederversammlung 1969 in Hannover 1 34
Jahresmitgliederversammlung und Arbeitstagung 1970 in Bochum 11 502

1972

Nachrichten 3 152

VdM (Verband deutscher Musikschulen)

1969

Neuer Vorstand in Würzburg gewählt 3 134
Die Musikschulen im öffentlichen Leben. Hauptarbeitstagung des VdM in Würzburg 4 195
Schwerpunkte der künftigen Arbeit. Kurzbericht über die Sitzung des Gesamtvorstandes in München 6 304
Zwischenbilanz der Früherziehungskurse 2 88
Vorschulerziehung an Musikschulen 12 574
Plan zum Ausbau der Musikschulen 1 36
Zwei Arbeitswochen in Remscheid. Der Musikschullehrer und seine Aufgaben. Aufgaben des künftigen Musikschulleiters 1 35
Kommt ein Musikschulgesetz? 11 516
Weiterentwicklung des Musikschulnetzes 12 574
Informationsmaterial 5 246
Plan eines kulturpolitischen Beirats 7-8 348
Prof. Paul Friedrich Scherber 70 Jahre alt 4 196

1970

Der Musikschullehrer und seine Aufgaben. Lehrgang in Vlotho, November 1969 1 33
Eine Musizierwoche in Fallingbostel, Oktober 1969 1 33
Jahrestagung 1970 des Verbandes deutscher Musikschulen in Hannover 4 187
Musikalische Früherziehung an Musikschulen hat sich bewährt. Zwei Jahre Modellprogramm „Musikalische Früherziehung" 4 189
Fusion der Sing- und Musikschulen. Konferenz in München 4 189

1978

Erster niedersächsischer Musikschultag in Wolfsburg 2 120
2. Internationales Klavierseminar der Kreismusikschule Landau 5 351

AMPF (Arbeitskreis Musikpädagogische Forschung)

1974

„Außerschulisches und schulisches Verhalten im Bereich der Musik", Thema der Arbeitstagung im Oktober 1974 in Berlin und Thesen zur Thematik 7-8 457

1975

5. Mitgliederversammlung in Berlin 1 34
6. Arbeitstagung und Jahresmitgliederversammlung 1974 in Berlin 1 36

1976

Jahrestagung 1976 7-8 407
Erstmals Diskussionen auf Bundesebene über die neuen Richtlinien für den Musikunterricht der Grundschule 12 646

1977

Musikpädagogische Forschungsvorhaben. Ergebnisse der Mitgliederumfrage 1976 7-8 417

Tagungsbericht über die Hauptarbeitstagung in Berlin (27. 5.–30. 5. 1977) 9 495

1978

Motivationsforschung in der Musikpädagogik. AMPF-Arbeitstagung vom 6. bis 8. Oktober 1978 in der Musikhochschule Köln 6 435

Bundesfachgruppe Musikpädagogik

1977

„Musikwissenschaft und Musiklehrerausbildung". Tagung der Bundesfachgruppe Musikpädagogik in Gießen 6 352
Bericht über die Tagung der Bundesfachgruppe Musikpädagogik in Gießen 12 699

VII,6 Leserzuschriften

1972

Einseitige Beurteilung von E. Jaques-Dalcroze 3 146
Zu Alban Bergs „Altenberg-Liedern" im Unterricht 6 314
Musikerziehung und musikalische Wirklichkeit 6 314
Was erwartet man von einer Bibliographie? 9 442
Chancengleichheit für Musikbegabte 9 442
Zu Lothar Brix' „Anmerkungen zu einer sich politisch verstehenden Musikerziehung" 11 541
Zwei Modelle musikalischer Früherziehung 11 542

1973

Grenzen der Bildung des Gehörs? (Heft 5/70) 1 40
Teilnahme am Leistungsfach Musik voraussetzungslos? (Heft 2/73) 6 343
Zur Besprechung von Monika Quistorps „Gehörbildung" (Heft 6/73) 12 708
Musik in der Gesamtschule (Heft 3/73) 6 343

1974

Die anrüchige Dichotomie (zu Heft 1/74) 4 267
Musikethnologie in der Schule (zu Heft 10/73) 1 63
Musik in der Studienstufe – eine Replik (zu Heft 10/73) 1 62
„Neutralisierte" Sequenzen? Fragen nach dem Standort des Unterrichtswerks 7-8 455
Zur „Weltmusik" von Karlheinz Stockhausen (zu Heft 1/74) 5 339
Zum Diskussionsbeitrag von Reinhold Weyer „Um den Stellenwert des Volksliedes" (zu Heft 2/74) 3 188

1975

Ein Synthesizer für den Musikunterricht (zu Heft 7-8/74) 1 37
Zum Thema: Film und Fernsehen (Heft 4/75) 10 529

1976

Zu Hans-Christian Schmidt „Zur Distanz verurteilt – Plädoyer für ein Gegen-Curriculum (Heft 9/75) 1 38
Zur Besprechung von „Rahmencurriculum Musikerziehung", Entgegnung des Rezensenten (Heft 10/75) 7-8 404
Zu Reinhold Weyer, „Musikhören – Musiksehen" (Heft 4/76) 7-8 404
Zu Hans Joachim Vetter: Studienermöglichende Fachausbildung an Musikschulen (Neue Musikzeitung 2-3/76) 9 470
Zum Beitrag von Hans-Christian von Dadelsen zum Thema „Ästhetische und Polyästhetische Erziehung" (Heft 5/76) 10 528
Der Autor repliziert 10 530

1977

Bemerkungen von Friedrich Klausmeier und Helga de la Motte-Haber zu dem Beitrag von Thomas Ott: „Zur Diskussion um die Musiklehrerausbildung" (Heft 4/77) 4 199
Zur Situation der Schulmusikerzieher in der Provinz (Heinz Gallist) 2 107
Zu Theo Schläger: „Ein neues Gerät zum Erstellen von Elementarpartituren im Musikunterricht" (Heft 6/77) 9 494

Zuschriften und Kommentare

1978

Zur 12. Bundesschulmusikwoche. Stimmen aus den Universitäten Mainz und Frankfurt und aus der Musikhochschule Lübeck. Stellungnahme des VDS 11 731

Stimme der Eltern

1969

Wilhelm Zilius: Musikerziehung – gerade heute 3 127

Die Glosse

1969

Prioritäten 2 97
Wie sich die Bilder gleichen 5 246

1970

Worte des Vorsitzenden Weng 1 34
Wilfried Fischer: Musikpädagogischer Kanzleistil 11 503
Über akademische Titel an Hochschulen 12 553

1972

Auditive Kommunikation um 2000 12 601

1973

Der Schall 7-8 413

VII,7 Informationen

VII,7,1 Informationen

1969

1,49; 2,97; 3,145; 4,200; 5,253; 6,305; 9,411; 10,473; 11,527

Internationale Wettbewerbe für Interpreten 1968, Rückblick 6 301
Festspiele und Tagungen 1969. Vorschau 3 134
1. Öffentliche Tagung des Arbeitskreises „Forschung in der Musikerziehung", 30. Oktober in Köln. Vorschau 9 409
8. Bundesschulmusikwoche in Saarbrücken 1970. Vorschau 2 90

1970

1,41; 3,146; 4,196; 5,294; 7-8,344; 9,398; 10,455; 11,509; 12,558

Internationale Wettbewerbe, Kurse und Seminare 1970/1971: 5,240; 7-8,340; 10,456; 12,558

Internationale Wettbewerbe für Interpreten 1969 (Rückblick) 9 392
Jugend musiziert. Aufruf zum 8. Bundeswettbewerb für Blasinstrumente, Akkordeon und instrumentales Zusammenspiel 1970/71 10 450
Das Podium junger Solisten. Ausschreibung zur Bewerbung für die 15. Bundesauswahlkonzerte junger Künstler, Juni/Juli 1970 1 40
8. Bundesschulmusikwoche vom 31. März bis 4. April 1970 in der Kongreßhalle Saarbrücken, vollständiges Programm 1 37

1971

1,49; 2,100; 4,208; 5,262; 5,321; 7-8,378; 9,445; 10,505; 11,568; 12,627

Verband Rhythmische Erziehung e.V. 6 208
Heutige Probleme der Volksmusik. Ergebnisse und Empfehlungen der Deutschen UNESCO-Kommission 7-8 380
Notizen zur Bildungspolitik 1 50

1972

1,45; 2,103; 3,152; 4,214; 5,258; 6,318; 7-8,389; 9,443; 10,448; 11,548; 12,601

1973

1,41; 2,97; 3,153; 4,214; 5,274; 6,345; 7-8,413; 9,492; 10,563; 12,708
Redaktionsprogramm 1973 1 32

1974

2,132; 3,193; 4,268; 5,339; 6,399; 10,579; 11,643; 12,697

1975

1,45; 2,93; 3,147; 4,203; 5,267; 6,324; 7-8,393; 9,465; 10,534; 11,598; 12,652
Ausbildungsstätten für Musiklehrer an allgemeinbildenden Schulen (Primarstufe, Sekundarstufe I und II) 5 257
Anschriften musikpädagogischer Ausbildungsstätten 7-8 394
Fortbildungsveranstaltungen im Fach Musik an den Staatlichen Fortbildungsinstituten der Länder (September – Dezember 1975) 9 458

1976

1,46; 2,105; 3,161; 4,223; 5,285; 6,345; 7-8,421; 9,477; 10,563; 11,591; 12,655
Festspiele – Tagungen des Jahres 1976 4 219
Fortbildungsveranstaltungen im Fach Musik an den Staatlichen Fortbildungsinstituten der Bundesländer (Februar – August 1976) 2 95
(September 1976 – Januar 1977) 9 470
Internationale Wettbewerbe, Kurse und Seminare 4 223

1977

1,51; 2,112; 3,161; 4,234; 5,302; 6,365; 7-8,424; 9,503; 10,574; 11,643; 12,714
Internationale Wettbewerbe 4 231

1978

2,119; 3,183; 4,280; 5,350; 6,430; 7-8,516; 9,602; 10,667; 11,741; 12,811

VII,7,2 Jubiläen, Gedenktage, Nachrufe

1969

Jubiläen

Harald Genzmer 60 Jahre alt 2 87
Wilhelm Twittenhoff 65 Jahre alt 2 87
Hermann Schröder 65 Jahre alt 3 145

Nachrufe

In memoriam Theodor W. Adorno 10 472
Hermann Grabner gestorben 9 411
In memoriam Heinrich Sambeth 6 307
Wilhelm Twittenhoff zum Gedächtnis 11 511

1970

Jubiläen

Karl Aichele 80 Jahre alt 5 236
Erich Doflein 70 Jahre alt 7-8 338
Hinrich Medau 80 Jahre alt. 5 237
Joseph Müller-Blattau 75 Jahre alt 5 237
Felix Oberborbeck 70 Jahre alt 2 88
Leo Rinderer zum 75. Geburtstag 12 552

Nachrufe

Fritz Jöde 1887–1970 12 551
Erik Schönsee 2 89

1971

Jubiläen

Siegfried Borris 65 Jahre alt 11 521
Werner Egk zum 70. Geburtstag 5 263
Dorothee Günther 75 Jahre alt 12 593
Karl Laux 75 Jahre alt 7-8 366
Rudolf Schoch 75 Jahre alt 6 299
H. H. Stuckenschmidt 70 Jahre alt 11 569

Nachrufe

Gedenken an Richard Münnich 1 44
Igor Strawinsky gestorben 5 252
und 6 279

1972

Nachruf

Prof. Anton Walter gestorben 10 481

1973

Nachruf

César Geoffray gestorben 4 207

1974

Nachrufe

Michael Alt gestorben 3 193
Zum Tode von Ernst Lothar v. Knorr 1 62
Zum Tode von Darius Milhaud 9 518

1975

Gedenktage

Felix Oberborbeck zum 75. Geburtstag 3 141
Leo Rinderer zum 80. Geburtstag 12 639
Ein Hymniker der Libertà. Zum Tode Luigi Dallapiccolas 5 260

1976

Gedenktage

Zum Tode von Gregor Berger 7-8 401
Siegfried Borris zum 70. Geburtstag 12 646
Ernst Pepping zum 75. Geburtstag 10 526
Rudolf Schoch zum 80. Geburtstag 7-8 400

1977

Gedenktage

Bernhard Binkowski zum 65. Geburtstag 3 151
Isang Yun zum 60. Geburtstag 11 631

1978

Gedenktage

Ludwig Strecker starb am 15. September 1978 11 741
Zum Tode von Dörte Wiechell 11 730

VII,8 Notenbeilagen

1969

Pierre Boulez: „Le Soleil des Eaux", Januarheft (zu Beitrag von Rudolf Stephan) 1 27
Hans Werner Henze: „Moralitäten", Juniheft (zu Beitrag von Siegfried Borris) 6 282
Paul Hindemith: 2. Sonate für Klavier, Februarheft (zu Beitrag von Uwe Kraemer) 2 74
Krzysztof Penderecki: „Anaklasis" (zum Beitrag von Josef Häusler) 7-8/69 342
Orchesterschulwerk, hrsg. v. Helmut May (zur Notenbesprechung) 12/69 580

1971

Alex Eckert: Die Galgenlieder 3 149
Klaus Runze: Zwei Hände – zwölf Tasten 6 297